OUVRAGE COURONNÉ
PAR
L'ACADÉMIE FRANÇAISE
ET PAR
L'INSTITUT FRANÇAIS
AUX
ÉTATS-UNIS

LETTRES
D'UN VIEIL AMÉRICAIN
A UN FRANÇAIS

LETTRES
D'UN
VIEIL AMÉRICAIN
A UN FRANÇAIS

TRADUITES DE L'ANGLAIS PAR
J.-L. DUPLAN

PRÉFACE DE *LYSIS*

PARIS
LIBRAIRIE PAYOT & Cie
106, BOULEVARD ST-GERMAIN, 106

1918

PRÉFACE

Si c'est un plaisir, c'est un honneur aussi pour nous de présenter ce livre dont nous tenons l'auteur en grande estime. Puisqu'il veut rester ignoré, nous n'offenserons pas sa modestie, mais il importe au lecteur de savoir que le vieil Américain n'est pas un littérateur, un aligneur de phrases ou de théories, mais un homme d'action, le créateur d'une industrie qui fait vivre des milliers d'ouvriers, l'un de ces êtres heureux qui peuvent se dire, après avoir passé la meilleure partie de leur existence : « J'ai lutté, j'ai peiné, mais grâce à mon effort il y a quelque chose aujourd'hui qui n'existait pas hier, cela me suffit : je suis payé... »

Il aime notre pays comme sa patrie, puisqu'il

a partagé sa vie depuis vingt-cinq ans entre la France et l'Amérique ; il nous connaît, il est à même de juger de nos défauts et de nos qualités mieux que nous-mêmes qui serons toujours trop sévères ou trop indulgents, N'est-ce pas du reste une condition rare et qui ouvre étonnamment l'entendement que de connaître deux civilisations à fond ?

Comme M. Jourdain faisait de la prose sans le savoir, le vieil Américain a produit un livre sans s'en douter : il n'avait pas la moindre idée que ses lettres seraient publiées ; quand il les écrivait, il mettait ses réflexions sur le papier, comme elles lui venaient, pour catéchiser un ami Français ; il cédait sans doute au besoin qui pousse l'homme de bien à faire quelque chose pour aider son prochain dans un moment critique, car c'est une grande angoisse de rester inerte devant un mal qui s'étend et qui poursuit sa marche inexorablement, quand on aperçoit les moyens de l'arrêter.

Comment une lettre du vieil Américain tombant sous les yeux de M. Payot, ce dernier voulut connaître les autres et s'offrit à publier l'ensemble après l'avoir abrégé, serait une histoire anecdotique assez pittoresque à raconter, si nous n'étions pressé de parler du fond de l'ouvrage et s'il n'y avait en nous l'appréhension de désobliger un sympathique éditeur qui goûterait peut-être médiocrement d'être montré sous l'aspect d'un esprit actif et curieux dont il n'est pas sûr qu'il soit prudent d'approcher, quand on a dans son tiroir un manuscrit intéressant qu'on hésite à publier...

***

Le vieil Américain dit aux Français : « Vous êtes une race intelligente, aux goûts affinés, supérieure dans le domaine des arts et des idées : le malheur est que vous oubliez le principal, le progrès matériel, sans lequel il n'y a ni bien-être, ni liberté, ni sécurité pour un peuple dans l'état du monde actuel ».

Il fait alors une démonstration de nos faiblesses en termes bienveillants, affectueux, qui procèdent d'un désir évident de nous remettre dans la bonne voie, soit qu'il signale l'état primitif de nos ports dépourvus d'un outillage de déchargement rapide, ou les lenteurs, les complications, l'esprit tyrannique de nos services administratifs, soit qu'il dénonce les préjugés de nos patrons et de nos ouvriers à l'égard du machinisme ou de la spécialisation du travail, soit qu'il se révolte en constatant la survivance des notaires, des avoués et des huissiers qui continuent à opérer dans notre pays d'après les règlements de l'ancien régime.

A ce sujet, une réflexion : comme tout est relatif, il arrive que bien des Français n'ont pas conscience de notre insuffisance économique. Cela se conçoit, car nous ne sommes pas sans progresser et nous avons aussi de belles usines, des trains rapides, des automobiles, des tramways électriques, des téléphones, des machines à écrire, etc. Il est donc vrai que la civilisation industrielle ne nous est pas étrangère et qu'elle a poussé quelques racines dans notre sol, mais il échappe à la plupart des Français qu'elle n'y prospère pas comme ailleurs et que, devenue sur certains points du globe haute futaie, elle n'est chez nous le plus souvent que broussaille.

Autrefois les progrès étaient lents et devaient s'accumuler pendant un siècle ou deux avant d'en venir à modifier les rapports de grandeur entre les puissances ; aujourd'hui ces progrès sont si rapides que dans l'espace de vingt ans un Etat peut se trouver en danger pour la seule raison qu'il aura travaillé mollement au lieu de tendre son effort : à proprement parler il n'y a plus de pays immobiles et tous avancent, mais ceux qui ne suivent pas l'allure, en sont au même point que s'ils reculaient, puisque leurs voisins les éliminent.

La notion de temps est la première de toutes à l'époque où nous vivons. Un penseur retrouve dans tous les détails de la vie moderne la même préoccupation d'aller vite : qu'il s'agisse de rapprocher les distances en construisant des véhicules ou des bateaux perfectionnés, de substituer la mécanique au bras de l'ouvrier ou d'introduire une division savante dans les opérations des usines, de quoi s'agit-il en dernier ressort, si ce n'est de gagner des minutes, des heures, des années, c'est-à-dire d'économiser la vie ?

***

Pour faire voir aux Français qu'ils se sont laissés distancer sur le terrain de la production, il importe moins de dérouler devant eux des statistiques et des raisonnements abstraits que de placer sous leurs yeux les réalités de tous les jours ; c'est la méthode de l'enseignement par le fait. Rien d'étonnant que le vieil Américain y ait recours : c'est celle de son pays, disons aussi que c'est la plus efficace de toutes et que nulle autre ne peut l'égaler pour former des esprits justes.

Que fait l'auteur ? Il dit : nous sommes des hommes comme vous, nous avons les mêmes problèmes à résoudre. Eh bien, chez nous on procède de cette manière, chez vous on agit de telle autre et quel est le résultat ? Aux Etats-Unis le travailleur peine moins longtemps, il est mieux logé, mieux payé, plus apprécié, plus encouragé, plus heureux. Est-ce vrai ? Oui. Regardez ces visages des jeunes Américains qui viennent combattre noblement à nos côtés ; comme ils sont sains et comme ils respirent la bonne humeur !

L'auteur revient sur une idée profonde : on observera l'insistance avec laquelle il conseille aux jeunes Français d'aller en Amérique et d'y rester quelques années à travailler, à s'imprégner d'un nouvel esprit qu'ils rapporteront au pays natal. Aimable invitation dictée par la politesse ou la sympathie, peut-on penser. Détrompez-

vous : le vieil Américain n'aime pas les phrases, il répugne aux démonstrations platoniques et quand il préconise d'envoyer notre jeunesse à l'étranger, nous sommes d'avis qu'il met le doigt sur le moyen le plus puissant dont nous disposions pour changer notre pays, car s'il est vrai que les méthodes américaines ou dénommées telles, parce qu'elles atteignent leurs formes les plus parfaites aux Etats-Unis, sont le produit d'expériences accumulées pendant une trentaine d'années par des races énergiques et que nous aurions à passer par autant d'épreuves que ces dernières, en mettant les choses au mieux, si nous devions les découvrir, n'est-il pas plus simple d'aller les étudier de suite dans les pays qui les pratiquent ? Est-ce que les Américains ne viennent pas apprendre chez nous le maniement de l'artillerie ?

Le séjour à l'étranger obligatoire pour l'élite de la jeunesse française de toutes les classes et de tous les milieux, idée juste, moyen infaillible de dissiper les préjugés dont sont imbus nos patrons, nos ouvriers, nos fonctionnaires et nos professeurs qui ne peuvent se rendre compte de leur recul que s'ils sont instruits des résultats qu'on obtient dans d'autres pays en se servant de procédés différents des leurs...

C'est de tout cœur que nous remercions le vieil Américain d'avoir publié ces lettres persuasives qui fourmillent d'observations justes et d'exemples frappants. Son livre fera beaucoup pour l'instruction du public français, s'il a le succès qu'il mérite et que nous lui souhaitons.

LYSIS.

LETTRES D'UN VIEIL AMÉRICAIN
A UN FRANÇAIS

LETTRE I

Rôle prépondérant des Français dans l'exploration de l'Amérique.
Pourquoi nous négligez-vous maintenant ?

Je ne désire pas provoquer en France des vocations d'explorateur, ni même de voyageur ou d'émigrant.

Je ne m'adresse pas à vos fils uniques contents de leur sort, attendant le décès d'un oncle ou d'une tante pour acheter une automobile, mais aux jeunes hommes instruits, ambitieux dont votre pays est si largement pourvu, et je leur dis : « Ne craignez pas de venir dans l'Amérique du Nord ; vous y serez bien reçus. Et si vous êtes capables, le succès ne peut manquer de couronner vos efforts. Vous trouverez plus de situations qui vous seront offertes à Philadelphie, à Cleveland, à Pittsburg, à Cincinnati, que dans toute l'Amérique du Sud réunie. »

Vos ancêtres ont découvert le Canada et la Louisiane, exploré les premiers la vallée du

Mississipi, occupé Pittsburg et Chicago plus d'un siècle avant nous.

On conserve pieusement à Chicago la première maison de bois construite en cet endroit par les Français au XVIIIe siècle, dans laquelle les officiers du Roi Louis XV venaient palabrer avec les chefs indiens. La Salle, Marquette, Champlain et leurs compagnons ont fait le plus dur de la besogne. Ils ont ouvert à la civilisation des contrées immenses contenant des richesses fantastiques. Ils ont parcouru les parties les plus riches des Etats-Unis, fondé Saint-Louis et la Nouvelle-Orléans ; tout cela pour que d'autres, *pas même des Américains*, vinssent plus tard en tirer parti et en exploiter les champs, les forêts et les mines. Pourquoi ? Pourquoi ne venez-vous pas vous-mêmes ? On disait couramment avant la guerre que vous étiez dégénérés. Vos soldats ont prouvé au monde entier que vous avez conservé la plénitude de vos forces, que vous possédez l'endurance et le courage de vos ancêtres, et votre attitude actuelle a forcé l'admiration de l'univers et même de vos ennemis.

Mais vous avez envoyé ici pour nous étudier

et nous décrire des travailleurs qui ne savaient pas écrire ou des écrivains qui ne savaient pas voir. Notre pays est compliqué, il est fait d'éléments si divers. Vous, Français, vous faites de père en fils le même métier. Vos notaires, vos prêtres, vos banquiers, ont des attitudes, des gestes, parfois des costumes, conventionnels. Vous avez voulu les comparer avec les nôtres, et vous avez trouvé nos notaires sans gravité, nos prêtres sans onction, nos banquiers sans prétention. Vous avez été choqués, vous en avez conclu que nous n'avions pas de manières parce que nous n'avions pas les vôtres.

En Amérique, les hommes ne se découvrent que devant les femmes. Vous nous trouvez grossiers parce qu'en entrant dans un bureau nous gardons notre chapeau sur la tête ; nous vous trouvons impolis parce que vous ne vous découvrez pas quand une femme entre dans un ascenseur. Quand vous nous connaîtrez mieux, quand nous vous aurons fréquentés davantage, nous nous apprécierons mutuellement à notre vraie valeur. Mais sachez bien que s'il y avait des préventions à l'égard des

Français avant la guerre, ces préventions ont aujourd'hui disparu. Toute l'Amérique n'a plus vis-à-vis des Français que des sentiments de reconnaissance pour le passé, d'admiration pour le présent. Nous ne vous connaîssons pas assez, peut-être ne vous connaissez-vous pas vous-mêmes?

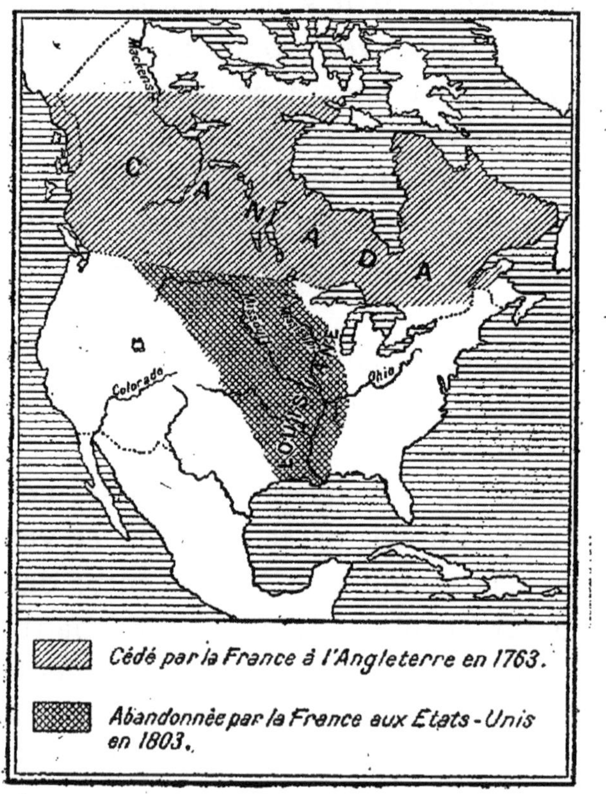

LETTRE II

Les industries américaines en France. — La France n'a pas à craindre leur invasion. — Entre autres choses, elle pourrait nous emprunter l'outillage de nos ports et nos téléphones. — De notre côté, nous avons beaucoup à apprendre d'elle.

Une certaine émotion s'est manifestée dans les milieux français à l'annonce que les Américains s'apprêtaient à venir en France, avec leurs capitaux et leur génie propre, pour y installer des industries. « Ne serons-nous débarrassés des Allemands, » a-t-on dit en France, « que pour être envahis par des Américains ? »

Que les Français se rassurent ! Ils ne seront jamais envahis par les Américains. Les Américains ne sont pas un peuple envahisseur. Leur pays est assez vaste, et les chances que le présent et l'avenir offrent à leurs industries sont assez grandes pour qu'ils n'aient besoin d'aller nulle part. S'ils vont en France, ce sera à l'appel des Français et avec la conscience de bons parents et de bons amis, riches et prospères, se portant au secours des plus sympathiques des frères pour les aider à relever leurs ruines.

La France est prête à s'instruire. Avant tout, les Américains apprendront aux Français à ne jamais faire exécuter par des hommes ce qui peut être fait par une machine. Grands économiseurs de main-d'œuvre, riches en matières premières, mais toujours à court de bras, ils ont été, depuis cinquante ans, à la tête de toutes les nations dans l'art d'utiliser le machinisme. Ils ont porté le rendement de leurs machines à un point qui, en France, est presque insoupçonné. Ils apprendront aux Français à organiser leurs ports, à les pourvoir de voies ferrées et d'appareils permettant de charger et de décharger les navires avec peu d'hommes et en peu de temps. Vous connaissez l'état primitif dans lequel se trouvent aujourd'hui la plupart de vos ports ? En août 1916 il n'y avait pas de voies ferrées sur le port de commerce de Brest. Les navires étaient déchargés à bras d'hommes et les marchandises entassées sur des voitures traînées par des chevaux. Ce travail était interrompu au coucher du soleil. Dans le port de La Pallice, les rares grues à vapeur étaient fixes, de telle sorte que chaque navire devait se placer à son tour devant la grue et se déplacer une seconde fois quand une de ses soutes était vide.

Mes compatriotes apprendront aux Français à se servir du téléphone, dont on fait en France un usage modéré — et pour cause. Dans une maison américaine le téléphone n'est pas dans chaque maison mais dans chaque chambre, et s'il y a dans une pièce plusieurs bureaux il est sur chaque bureau. Lorsqu'il y a plusieurs compagnies de téléphones, il y a parfois deux et trois téléphones sur chaque bureau, à portée de la main, de manière à permettre d'atteindre, non pas une maison de commerce, mais un employé quelconque de cette maison à l'endroit même où il travaille.

Le système d'abonnement français au téléphone à forfait est absurde et devrait être changé. Il est ridicule qu'un particulier qui téléphone une fois par jour paye le même prix qu'un hôtel, un magasin de détail, un député, un journal, ou une banque, qui peuvent demander ou recevoir des centaines de communications.

Un haut fonctionnaire du Ministère des Postes et Télégraphes, dont dépend le service des téléphones, à qui je me plaignais du service, me fit cette réponse admirable : « Oui, Monsieur, le téléphone marche mal et il marchera de plus en plus mal à mesure que *l'on augmentera le nombre des abonnés*. C'est fatal. » Ici, en Amérique, le nombre des employés, des fils, des tableaux, augmente en raison du nombre des abonnés. Il ne faut que quelques heures pour s'abonner au téléphone et l'avoir installé chez soi, en France un mois. L'administration du téléphone fait un certain crédit et n'exige pas que les communications soient payées d'avance. Elle ne court, du reste, aucun risque puisque l'abonné en retard dans ses payements risque de se voir refuser toute communication jusqu'à ce qu'il ait acquitté sa facture, ce qui équivaudrait en Amérique à une sorte de bannissement. On trouve le téléphone dans toutes les chambres d'hôtel, dans les gares, dans les magasins de détail, chez les pharmaciens ; mieux encore sur les quais, et même dans la rue. Un système très ingénieux permet de demander la communication et d'en acquitter le prix dans l'appareil lui-même, qui enregistre le paiement et fait connaître automatiquement au bureau central que l'argent est encaissé. Ce sont là des petites choses auxquelles nous ne faisons plus attention en Amérique mais que nous apprécions lorsque, voyageant en France, nous en sommes privés.

Nous avons, nous autres Américains, tant de choses à apprendre des Français que c'est sans orgueil, avec la conscience d'accomplir un devoir de réciprocité, que nous nous efforcerons d'amener les Français à adopter quelques-unes de nos méthodes, à gagner du temps et à économiser cette main-d'œuvre qui, dans le monde entier, va devenir si rare.

LETTRE III

Avantages d'une pénétration industrielle mutuelle. — Faible part prise par les Français au développement immense des industries américaines. — Part capitale prise par les autres Européens. — La France ne se risque que dans les pays retardataires. — Nombreuses inventions françaises exploitées sans profit pour les Français.

Au point de vue ouvrier, les firmes américaines qui pourraient venir s'établir en France emploieraient de la main-d'œuvre française. Au point de vue capitaux, ces Américains apporteraient avec eux les leurs. Au point de vue méthodes, leur arrivée ne pourrait que donner à vos industriels un exemple fructueux en leur montrant l'économie de la main-d'œuvre. On n'explique donc que par un sentiment égoïste et d'infériorité la crainte que l'arrivée de sociétés américaines peut créer parmi les industriels français. Mais si l'on considère que par une juste réciprocité le champ immense de l'activité américaine est ouvert aux Français, on peut conclure que les Français n'ont rien à craindre d'une pénétration pacifique d'un pays par l'autre.

Les industries américaines se sont développées d'une façon foudroyante depuis cinquante ans, c'est-à-dire depuis la fin de la guerre de Sécession jusqu'à l'époque actuelle. Quelle est la part que les vrais Américains ont prise à ce développement ? Quelle a été la part des étrangers ? Et parmi les étrangers, quelle a été la part des Français ? Quelle est la part qui reste à prendre par vos compatriotes dans le développement ultérieur des industries américaines ?

Les Américains, et par Américains j'entends les hommes nés aux Etats-Unis avant la fin de la guerre de Sécession, c'est-à-dire avant 1865, n'ont pas été les seuls appelés à construire et à développer nos industries. Un grand nombre d'étrangers, Allemands, Anglais, Italiens, Russes, Français, Autrichiens, Belges, Suisses, sont venus en Amérique et ont pris une large part à leur prodigieux développement.

Vos compatriotes, à de rares exceptions près, ont adopté une attitude passive. Ils se sont contentés en général de maintenir le chiffre d'affaires fait avec les Etats-Unis par leurs prédécesseurs. L'accroissement de la consommation américaine, dont la population a plus que doublé depuis 1865, les a laissés indifférents. C'est ainsi que des fortunes immenses se sont créées sans que vos compatriotes y aient pris leur part.

Ce n'est pas, certes, que l'expérience, les connaissances techniques leur aient manqué ; ce n'est pas non plus l'absence de capitaux qui les a retenus dans votre pays. Leurs raisons sont toutes autres et méritent d'être étudiées.

En effet, alors que les capitaux et les talents des Français se sont portés vers l'Espagne, vers la Russie, vers l'Amérique du Sud, et aussi vers vos colonies, c'est par une abstention presque complète que les Français se sont faits remarquer dans la construction des industries américaines, à laquelle tous les autres peuples de l'Europe ont pris part.

Ce qui est particulièrement regrettable, c'est que dans beaucoup de cas les industries américaines ont été créées soit avec des capitaux français, soit avec des talents français, soit vaec les deux réunis.

Chaque année, chaque printemps surtout, une foule d'étrangers visitent la France. Ils se répandent dans vos centres industriels. Ils étudient vos découvertes, vos tours de main, vos inventions, se les approprient, les transplantent et les exploitent dans leur pays pour leur seul bénéfice, sans que vos nationaux aient songé à venir tirer parti eux-mêmes sur cet énorme marché de consommation, des inventions dont ils sont les auteurs. Parfois même des capitaux français ont suivi les inventions nationales pour venir les faire fructifier au profit d'autrui. Enfin, dans beaucoup de cas les Américains ont importé, avec les idées et les capitaux, des contre-maîtres français pour la mise au point. Mais tandis que vos idées et les hommes nécessaires étaient extraits de votre sol pour être transplantés dans notre terre, ce ne sont pas les vôtres qui récoltaient la moisson abondante qui en résultait. Ce ne sont pas même des Américains qui profitaient de votre ingéniosité et de votre patience. Presque toujours ce fut un Allemand, un Autrichien, un Suisse, un Belge avisé qui a exporté la graine française et qui a moissonné pour son compte une récolte qui aurait dû tomber dans vos mains.

La nécessité de fabriquer chez vous des munitions de guerre a provoqué l'importation d'un grand nombre de machines américaines. Avec ces machines les Français ont aussi importé les méthodes. La nécessité de produire une énorme quantité d'un objet donné, dont la consommation et l'écoulement étaient assurés, a dû ouvrir les yeux des Français et leur montrer combien surannées sont leurs méthodes de travail et quels résultats peuvent être atteints par le travail intensif mis au service des machines modernes.

Ce que les Français ont fait pour la fabrication des obus peut être appliqué aux produits de la paix. C'est dans les mêmes conditions et par les mêmes méthodes que devront être faits désormais les chaussures, les vêtements, les serrures, les machines à coudre, les automobiles, les charrues, et les instruments agricoles.

Pour arriver à ce résultat, les Français devront abandonner le rêve national de diriger chacun pour soi une petite affaire adaptée à sa taille et à ses moyens, et accepter enfin la règle absolue de l'industrie moderne, à la base de laquelle est l'*association* sous toutes ses formes. Cette association n'est pas seulement celle des capitaux, mais celle des intelligences et des talents. Il ne sera pas plus possible désormais de fabriquer avec quelque chance de succès des bouteilles ou des assiettes dans la petite usine construite par le grand-père, qu'il ne l'est de posséder ou de faire marcher un chemin de fer pour soi tout seul. Il faut que les Français se fassent à l'idée que l'industrie moderne doit être spécialisée. Le temps n'est plus où un seul homme pouvait fabriquer à la fois des qualités de papier différentes ou un nombre de tissus variés. Aujourd'hui, il faut que plusieurs usiniers s'associent pour fabriquer une seule qualité de papier, un seul genre de tissu.

De leur côté, les syndicats ouvriers devront abandonner leurs prétentions désuètes d'intervenir dans le choix ou dans la manœuvre des machines. La fabrication des munitions de guerre a montré que c'est l'homme qui doit se modifier et laisser la machine accomplir son travail. Il ne peut être permis à l'ouvrier de modifier la machine qu'il surveille pour la plier au genre de travail qui lui est habituel.

Tel l'artilleur devant sa pièce doit accepter les indications et les chiffres que lui transmet par téléphone l'officier observateur sans jamais les modifier et envoyer un projectile sur un but qu'il ne voit pas, l'ouvrier moderne doit accepter le travail qui lui est donné et voir opérer devant lui une machine construite par d'autres dans des buts qu'il n'a pas à connaître. Son rôle consiste à être le témoin d'un travail mécanique, à veiller à ce que sa machine soit pourvue d'huile et de matière première, à appeler à l'aide une main plus qualifiée en cas d'arrêt grave.

Ces méthodes américaines, que nous pourrions simplement appeler « méthodes modernes », ont été déjà introduites chez vous pour la fabrication des munitions de guerre. Les Américains qui iront après la guerre installer chez vous des industries apporteront avec eux l'expérience nécessaire pour les faire accepter.

Et les Français qui viendront enfin prendre part au développement infini des industries américaines se familiariseront avec ces méthodes et contribueront largement à les introduire en France.

La pénétration industrielle mutuelle des deux pays ne peut donc être qu'extrêmement profitable aux Français chez lesquels presque tout ce qui concerne l'automatisme est encore à faire.

L'Amérique est peu ou point connue des Français. Peu d'entre eux l'ont visitée. Parmi ceux qui y sont allés, beaucoup n'ont rien vu et rien appris. Certains ne veulent pas voir.

Parmi ceux qui résident en Amérique, il y en a qui, après des années et des années, ignorent tout de notre pays. J'en ai connu un, et pas des moindres, qui se vantait de déjeuner depuis trente ans au même restaurant français, à la même table, et qui après son déjeuner, a fait pendant quinze ans la même partie de jacquet avec le même partenaire français. Que sait-il de l'Amérique ?

Par contre la France a toujours été parcourue par les Américains.

Dès le début de la guerre les centaines de jeunes gens qui se sont engagés dans l'Ambulance Corps, ont pris contact non seulement avec Paris, mais avec vos troupiers et avec vos paysans. Ces jeunes gens connaîtront la France.

Nos troupes régulières qui commencent à y affluer la connaîtront aussi.

La réciproque n'existe pas encore.

C'est dommage.

LETTRE IV

Le choix des carrières en France. — Prudence stérile de la bourgeoisie. — Histoire d'un ingénieur français. — Panama. — Venez ! — Préjugés de classe en France. — Dots. — Oisiveté. — Stagnance de votre fortune nationale.

Qui n'a pas entendu en France pendant le dernier demi-siècle les lamentations des pères de familles : « On a tant de peine à caser ses enfants ! » A ces lamentations, il faut ajouter les regrets de tant d'hommes incapables, malgré leur distinction, de se créer des situations avantageuses. Nous ne parlons pas des fruits secs, ni des fils de famille paresseux, mais des nombreux jeunes hommes instruits, éduqués, ayant fait l'apprentissage de leur carrière, et qui se trouvent vers la trentième année, ou même plus tard, dans une impasse. « Sidetracked », comme on dit en Amérique, c'est-à-dire sur une voie de garage au lieu de rouler sur la ligne principale.

Pourquoi s'est donc créé cet évident paradoxe : d'une part, des hommes qui cherchent des carrières, à la poursuite d'un avenir avantageux et d'autre part, la recherche vaine d'hommes capables ? Ces capacités ont été offertes sur le marché où elles avaient le moins de chance de trouver preneur. Sur le marché américain on a cherché des capacités avec la volonté de les bien rétribuer. On les a rarement trouvées en France et, lorsqu'on les a trouvées, ces Français ont refusé de se déplacer. Ils seraient partis vers la Russie, l'Egypte, ou même la Chine, mais ils se sont cabrés lorsqu'on leur a proposé l'Amérique, parce que l'Amérique est inconnue, ou plutôt mal connue.

Ce n'est pas la littérature moderne ni le théâtre qui auraient pu créer vis-à-vis de l'Amérique une opinion favorable. Paul Bourget, Abel Hermant, Jules Huret, se sont attachés surtout à dépeindre des *phénomènes* ; de Vogüé dans son roman « Le Maître de la Mer » a créé un personnage ressemblant davantage au Capitaine Nemo de Jules Verne qu'à aucun des chefs d'industrie américains. Ces descriptions ont produit leur effet dans l'esprit des Français et ont créé à l'égard des Américains un sentiment de crainte et d'envie plutôt que d'admiration et de confiance.

Pour qui a approché Andrew Carnegie ou Charles Schwab, John D. Rockefeller ou John Wanamaker, pour qui connaît la simplicité, la bonté de ces hommes, « Le Maître de la Mer » est un personnage parfaitement fantastique, qui peut-être a sa place dans une œuvre de pure imagination, mais qui, malheureusement, a été adopté par le lecteur français comme le type de l'Américain moderne. Aussi ces œuvres ont-elles détourné de l'Amérique les jeunes Français qui auraient pu se faire ici des situations magnifiques. Ils ont cru que les Américains étaient trop forts ; ils ont éprouvé à leur égard un sentiment de timidité, parfaitement déplacé et absurde pour ceux qui connaissent bien la France et l'Amérique et qui savent que l'Amérique n'a jamais produit un banquier comme Henri Germain, et qu'elle ne possède pas encore un établissement financier comparable au Crédit Lyonnais. On peut en dire autant d'Aristide Boucicaut ; le Bon Marché reste encore pour les chefs de maisons de nouveautés américaines le modèle de la maison de détail moderne. Mais tandis que la France ne peut pas alimenter dix Crédit Lyonnais ni dix Bon Marché, dix banquiers et autant de commerçants français auraient pu constituer en Amérique des maisons prospères. C'est ce que les Français n'ont pas su entreprendre et ce que des Allemands pauvres mais courageux sont venus faire. Qui oserait dire qu'il n'y a pas en France une abondance de Germains, de Renaults, de Félix Potins, de Gaumonts, de Citroens, etc. ? Les talents abondent chez vous. Les Français sont intelligents, honnêtes, instruits et laborieux ; ce sont les qualités qu'il faut pour réussir ici, mais il faut y venir et il faut surtout y venir avec la jeunesse et la confiance ; à ces deux qualités, il faut ajouter la persévérance.

Beaucoup de vos compatriotes qui sont venus étaient des hommes un peu tarés, ou qui, ne pouvant gagner leur vie dans votre pays, s'imaginaient qu'ils pourraient le faire facilement ici : profonde erreur ! C'est le Français de valeur qui peut bien gagner sa vie en France mais qui est incapable de donner toute sa mesure dans un pays à population stagnante

— c'est lui qu'on doit envoyer. Il trouvera en Amérique un terrain plus vaste, une population qui s'accroît d'un million par an, plus d'opportunités et moins de concurrence.

Votre faible natalité et un esprit de famille mal compris sont regrettables. Les mères ont voulu garder leurs fils auprès d'elles ; les pères ont voulu leur préparer une vie facile, exempte d'imprévu, avec la préoccupation constante de ne pas risquer dans une aventure le patrimoine familial, jalousement conservé, soigneusement augmenté. Ajoutons aussi pour beaucoup de familles ce léger dédain pour le commerce ou l'industrie, et cette admiration stupide pour certaines professions comme le notariat et les charges vénales d'avoués et d'agents de change, vestige de l'ancienne France, qui ont attiré, pour les annihiler, tant d'initiatives et tant de talents. Quand donc cessera-t-on de mettre au-dessus de l'épicier, le pharmacien qui comme lui vend sa marchandise dans des paquets, des boîtes ou des bouteilles, et dont l'occupation est la même, sauf qu'il vend souvent les mêmes produits sous des noms latins et dix fois plus cher. Combien de Français intelligents auraient pu devenir en Amérique des Potin ou des Damoy qui ont végété pour ne pas avoir voulu traverser la mer ?

Jeunes gens qui lirez ces lignes et qui sentez un sang ardent couler dans vos veines, rappelez-vous qu'il y a eu de tout temps et qu'il y a encore en Amérique un terrain avantageux pour le développement de vos activités si elles sont accompagnées d'une instruction solide et d'un jugement sain.

Vous devez faire table rase de ce préjugé honteux de mettre au-dessus de l'homme de travail celui qui ne fait rien, qui ouvre la porte de vos grands cercles mondains au gendre de M. Poirier et qui la ferme devant son beau-père, car s'il n'est pas distingué de venir en Amérique pour y travailler et y faire fortune, il est tout à fait élégant dans la haute société française, d'épouser les filles des Américains lorsqu'elles apportent un nombre respectable de dollars.

Aux Etats-Unis, avoir fait quelque chose est un titre de noblesse, ne rien faire et vivre du travail des autres est une tare. Etre le fils inutile d'un homme supérieur n'ouvre aucune porte. Etre le fils capable et honnête d'un imbécile notoire ou d'un malfaiteur ne sera jamais considéré comme une tare. Ces belles idées, les Français les mettent sur la scène de leurs théâtres ou dans leurs romans, mais non dans leur pratique quotidienne.

La guerre changera-t-elle tout cela ? Ce n'est pas sûr ! Il y a en France un courant d'opinion très fort pour résister à « l'envahissement du pays par les étrangers » quels qu'ils soient, non seulement les Allemands, mais encore les Suisses qui sont neutres, et même les Américains qui sont Alliés. Si vous restez chez vous, si vous résistez a priori à la pénétration des influences étrangères, vous avez chance de retomber dans votre contemplation du passé et de considérer qu'un notaire qui travaille dix heures par semaine appartient à une classe supérieure à celle du fermier, du briquetier, du fabricant de beurre qui font vivre le pays. Il fut une époque où le prêtre, le notaire, le pharmacien, le fonctionnaire, étaient les seuls membres de la communauté pourvus d'une éducation classique. C'est pour cela sans doute que ces professions ont conservé la faveur des familles bourgeoises. Depuis deux générations cette condition n'existe plus. L'éducation a été répandue dans toutes les classes et n'est plus le privilège de quelques-uns. Aujourd'hui, le fermier a souvent été au collège sur les mêmes bancs que le médecin ou l'avocat. L'officier de carrière n'a plus le droit de se croire d'une race supérieure à celle du commis-voyageur.

Les demoiselles à marier qui voudront payer des autos à des maris incapables, paresseux ou stupides, pourront continuer à les chercher et à les trouver parmi les hommes bien habillés et sans profession. Mais celles qui voudront épouser un homme pouvant élever ses fils dans la confiance et le travail, feront mieux, avec ou sans dot, de choisir pour époux des hommes courageux et débrouillards parmi les agriculteurs, les fabricants de baignoires, les épiciers, les colonisateurs et les financiers, sans exiger qu'ils exercent leur profession dans l'endroit où elles sont nées. Il faudra que les jeunes filles en se mariant acceptent de changer de paroisse ; il ne faudra pas qu'elles considèrent que l'Amérique du Nord est le bout du monde. Chicago aujourd'hui n'est pas plus loin de Paris que Marseille ne l'était au temps de Louis XIV.

Si les idées et les gens ne changent pas en France, vous verrez les meilleures choses de votre pays enlevées ou exploitées au profit des seuls étrangers. Déjà nous avons entendu dire, devant certains prix, avec un peu de regret et d'envie : « C'est un magasin, c'est un restaurant pour Américains. »

On parle de remplacer l'ancien personnel allemand des hôtels par un personnel purement français. Verrons-nous donc des Américains seuls occuper les chambres et des Français occuper l'office ?

Déjà en Normandie, en Bretagne, sur les bords de la Loire, sur vos plages et aux Champs-Elysées, voyons-nous les plus belles résidences achetées ou construites par des étrangers. Le notaire qui passe les actes de vente est bien français ; français aussi le cantonnier et le jardinier, pas toujours le chauffeur, mais cela suffit-il à votre amour-propre national ?

« L'aurea mediocritas » vous conduira-t-elle

à récolter des vins fins pour les vendre aux seuls Américains, si vous ne développez pas vos fortunes en même temps qu'ils développent les leurs ? C'est cependant ce qui pourrait arriver et les meilleurs des Français se contenteraient de rouler en deuxième classe pendant que les premières seraient occupées par des Américains, parfois nés à Francfort.

Feu Pierpont Morgan a dit un jour que vous, Français, naissiez avec des « âmes à salaire fixe ». C'est un grave défaut à une époque de concurrence universelle. La bourgeoisie française a fait la Révolution, elle a voulu supprimer des avantages que la naissance conférait à la noblesse, et puis ensuite elle a cherché à rétablir à son profit les mêmes bénéfices, les mêmes privilèges et les mêmes abus. En voulant créer au profit de ses fils des carrières assurées, sans risques, elle a tué chez eux l'ambition et l'esprit d'entreprise. Votre rêve de laisser à vos fils vos études d'avoués, d'huissiers ou de notaires, vos places d'administrateurs dans les sociétés, en même temps que vos domaines et vos maisons de rapport, a éteint dans votre jeunesse l'esprit d'initiative et d'aventure qui est au fond de votre race. Vos institutions d'Etat ont aggravé le mal que la sollicitude de vos parents avait créé. Bon nombre de vos écoles n'ouvrent pas une route large aux ambitions légitimes de la jeunesse. Elles la canalisent vers des petits chemins étroits, vers des avenirs insipides, dénués d'espérance et de grandeur.

Un ingénieur français que j'ai rencontré en Amérique m'a raconté son histoire caractéristique. « Je suis né, me dit-il, sans fortune. Entré à l'Ecole Polytechnique comme boursier après avoir été boursier au collège, je fus à la sortie de l'école classé parmi les artilleurs. Malheureusement ou heureusement pour moi, je me vis, à cause de mon état de santé, fermer l'accès de la carrière militaire. Tous mes camarades, comme vous le savez, devinrent fonctionnaires, les uns civils, les autres militaires. Ma famille fut désespérée d'avoir fait tant de sacrifices et tant d'efforts pour me trouver à la fin de mes études sans place dans le présent, sans retraite dans l'avenir. Après des fortunes diverses et des essais plus ou moins malheureux, j'ai échoué dans une des grandes raffineries parisiennes. C'est là que vint me trouver un beau jour un Américain (né en Autriche) qui cherchait un ingénieur français pour travailler à Brooklyn dans une grande raffinerie de sucre.

« Depuis douze ans je suis en Amérique ; je me suis marié, j'ai des enfants auxquels j'apprends à aimer la France où je suis né, où j'ai été pourvu d'une instruction solide que, par le fait du hasard, je n'ai pas utilisée sur un rond de cuir. Je leur apprends aussi à aimer l'Amérique où des circonstances fortuites m'ont amené, et où j'ai cinquante mille dollars par an pendant que mes malheureux camarades que leur mauvaise fortune avait pourvus d'une meilleure santé gagnent cinq mille francs par an comme capitaine d'artillerie, ou ingénieurs de troisième classe avec la perspective connue d'un avenir catalogué, précis, minutieusement prévu, qui les conduira sans secousses mais sans espérances à une retraite insuffisante après une existence sans intérêt et sans gloire, dont l'amertume ne sera adoucie que par un ruban rouge transformé en rosette à l'époque de la calvitie ».

Je crois que si en Amérique pareille institution existait, les élèves classés premiers à la sortie d'une telle école demanderaient comme faveur à *ne pas* être employés du Gouvernement et que ceux-ci seraient recrutés parmi les derniers numéros de la liste de classement.

Votre Ecole Polytechnique qui reçoit chaque année l'élite de votre jeunesse devrait, après avoir donné à ces jeunes gens une instruction remarquable, les restituer à l'activité générale de la nation.

On sait bien que vous avez fait des travaux à l'étranger. Vous avez fait le Canal de Suez, vous avez commencé le Canal de Panama, et si vous ne l'avez pas fini c'est sans doute plus par la faute de vos financiers que par la faute de vos ingénieurs, car les nôtres n'ont fait qu'exécuter les plans sortis de vos cerveaux, et, laissez-moi vous le dire, nous vous rendons pleine justice. A l'Exposition de San-Francisco j'ai entendu dans le phonographe officiel qui donnait la description du Canal de Panama au fur et à mesure que le visiteur se déplaçait devant une reproduction panoramique de ce grand ouvrage, j'ai entendu la voix du phonographe qui disait textuellement ceci : « Ces grands travaux terminés par des ingénieurs américains sous la conduite du général Goethals ont été conçus par des Français dont les calculs et les plans ont été reconnus par les ingénieurs américains comme indispensables à l'achèvement de l'œuvre. » Voilà ce que des millions de visiteurs ont pu entendre.

Français, vous aurez fait le Canal de Suez et conçu le Canal de Panama; vous aurez fait aussi le port de Rosario. Vous avez fait des chemins de fer en Tunisie, en Chine, en Espagne, vous avez été partout dans le monde porter le fruit de votre expérience et de votre savoir. Partout excepté dans ce pays de l'Amérique du Nord, que vous avez découvert et parcouru à une époque où il n'y avait pas peu de gloire ni peu de mérite à aller de Québec à la Nouvelle-Orléans. Depuis qu'on peut venir dans ce pays en six jours et qu'on peut le parcourir de l'Est à l'Ouest en moins de temps encore, vous avez cessé d'y aller.

Quand vous saurez mieux avec quelle facilité on peut travailler et s'établir ici, vous accourrez en grand nombre, car c'est vraiment à se demander si c'est la difficulté qui vous rebute, ou si ce n'est pas au contraire l'absence de difficultés qui ne vous attire pas.

LETTRE V

L'Américain dans la littérature. — Type faux. — Légende effarante de richesse, décourageante pour le Français. — Comment on crée des chemins de fer sans capitaux. — « Le Maître de la Mer ». — « Les Transatlantiques ». — « D'où vient la supériorité des Anglo-Saxons ».

Les hommes de lettres et les auteurs dramatiques qui ont écrit sur l'Amérique après y être venus quelques semaines, et quelquefois même sans y être jamais venus, ont contribué à créer dans l'esprit des Français (1) un type d'Américain légendaire. La description trop souvent répétée des abattoirs de Chicago, par exemple, a donné naissance à cette expression « marchands de cochons de Chicago », appliquée parfois sans discernement et indistincte-

(1) « La réalité n'a plus aucune espèce d'importance aux yeux du Français lorsqu'il s'est fait une opinion sur quelque chose. » (CHARLES RIVET, *Le Dernier des Romanoff*.)

ment à tous les millionnaires américains. Or l'industrie de la viande et des conserves ne représente qu'une faible partie de l'industrie et des fortunes américaines, et les détails de cette industrie, à cause des descriptions répétées des voyageurs français, sont peut-être plus connus des lecteurs français que des Américains eux-mêmes.

Le Français économe et modeste, dont on a bourré le crâne avec le bruit des millions de millions de dollars des Américains, hésite naturellement à aller s'aligner avec des concurrents dont il croit les poches si bien remplies. Souvent il découvrirait, s'il était mieux renseigné, que les poches des lanceurs d'affaires américains qui viennent le solliciter, sont quelquefois vides et s'ouvrent surtout à l'espoir de le voir, lui, Français confiant, les remplir avec ses économies. Au lieu de réagir contre cette erreur, qui fait croire les Américains plus riches qu'ils ne sont, vos hommes de lettres et vos littérateurs se sont complu à l'exagérer.

Les chemins de fer américains, par exemple, ont été construits avec les économies des Européens. On a vendu aux Européens les actions privilégiées avec un dividende fixe en échange de leurs bonnes espèces. Les Américains, eux, se sont distribué un nombre égal d'actions ordinaires pour lesquelles ils n'ont pas déboursé un centime. Lorsque l'argent procuré par la vente des actions privilégiées s'est trouvé dépensé, les Américains ont emprunté en garantissant les obligations de l'emprunt avec le travail déjà fait sur les lignes avec l'argent des Européens, premiers actionnaires. Avec l'argent des obligations on a acheté du matériel, et voici le chemin de fer créé. Ce chemin de fer est-il une bonne affaire ? Dans ce cas les actions ordinaires des Américains, qui ne leur ont rien coûté, viennent se muer en fortunes. Le chemin de fer est-il une mauvaise affaire ? Les premiers actionnaires européens perdront leur argent, les Américains, eux, auront perdu leur temps, et les obligataires prendront possession du chemin de fer, dont ils deviendront les actionnaires. Inutile de dire que les Américains porteurs des actions ordinaires auront vendu ces actions avant la déconfiture, et, bien renseignés sur l'avenir de l'entreprise, auront ou n'auront pas acheté les obligations avec le produit de cette vente.

Des fortunes énormes se sont ainsi faites sans grand risque. L'opération n'est peut-être pas très délicate, mais les banques européennes et françaises qui auront attiré les capitaux français à ce genre d'entreprise ne seront pas moins coupables que les fondateurs. Au surplus, la sévérité des Français, si elle s'exerce en stigmatisant les auteurs de pareilles opérations, ne s'étend pas aux millions ainsi mal acquis, car vos compatriotes les mieux considérés n'hésitent pas à voyager sur le yacht acheté avec cet argent, et parfois épousent les filles du propriétaire.

Ainsi se sont créées ces légendes, qui ont cours en France, à savoir que « les Américains sont tous des voleurs, qu'ils sont tous millionnaires, qu'ils sont tous mal élevés. » Or ces mêmes Américains achètent des châteaux en Touraine, des villas à Dinard ; ils ont des hô- tels à Paris, des écuries de courses, et parmi les Français les plus chics, ils donnent souvent le ton.

Le spirituel ouvrage d'Abel Hermant sur le millionnaire américain et le Faubourg Saint-

Germain, bien que très forcé, contient une grande part de vérité — seulement cette France-là et cette Amérique-là ne sont pas l'Amérique honnête ni la France laborieuse. Abel Hermant a décrit des exceptions françaises et américaines. Malheureusement on a la fâcheuse tendance de généraliser, et le Français naïf s'est imaginé qu'il ne peut lutter avec chances de succès avec un Américain qui traverse deux fois l'Atlantique pour aller chercher je ne sais quel ingrédient qui lui manque pour faire ses cocktails.

La lecture des « Transatlantiques » a fait pouffer de rire les Américains, qui ne se sont pas reconnus du reste dans le type du millionnaire, mais ils ont cru que le Duc était un type bien exact de Français courant, tandis que les Français travailleurs et normaux qui n'ont jamais fréquenté de ducs ont cru de bonne foi que tous les colonels américains étaient du type décrit par Abel Hermant.

« Le Maître de la Mer » par le Vicomte de Vogüé est bien le type du livre qui a créé dans l'esprit des Français un Américain légendaire. Je veux dire combien cette description est inexacte et combien l'homme d'affaires américain est différent de cette espèce de Monte-Christo que nous présente de Vogüé sous le nom de Robinson.

On nous apprend dès les premières pages que cet Américain a syndiqué toutes les compagnies de navigation et qu'il est devenu l'autocrate de tous les océans. Rien n'est moins conforme à la vérité. Il y a quelques années un grand financier américain avait voulu organiser le Trust de l'océan, et cette opération a été une des plus lamentables de sa carrière. C'est sur les mers que le pavillon de commerce américain brille du moins vif éclat. A cause d'une législation déplorable et des exigences des syndicats ouvriers, la marine marchande américaine n'existe pas pour ainsi dire, excepté sur les grands lacs et sur les côtes, où elle constitue un monopole national. Mais pour la traversée du Pacifique ou de l'Atlantique, le pavillon américain est rarissime, et le meilleur chemin de New-York à Buenos-Ayres était, avant la guerre, d'aller à Liverpool sur un bateau anglais et de prendre là un autre bateau anglais pour Buenos-Ayres.

S'il y a une industrie dont nous n'avons pas lieu d'être fiers, c'est bien celle de la navigation marchande. Vous Français, dont la marine marchande est loin d'être en progrès, grâce au maintien d'une législation qui date de Colbert, vous nous surpassez, sans conteste, dans ce genre d'activité, car vous avez pu tant bien que mal maintenir des lignes qui mettent vos ports en correspondance avec toutes les parties du monde, ce que nous n'avons pas su faire. Quatre-vingt-dix pour cent de l'importation et de l'exportation américaine sont faites sous pavillon étranger. Pourquoi alors, quand un membre de l'Académie Française, avec l'autorité que lui donne ce titre, ajoutée à celle que lui donne un incontestable talent, écrit un livre dont le héros est un capitaine d'industrie, place-t-il précisément ce potentat à la tête d'une industrie dans laquelle nous avons fait faillite ?

Mais il y a plus ! Ce personnage est tellement formidable qu'il décourage le Français prudent et économe. Il manie les millions, les siens et ceux des autres, avec une désinvolture incroyable. A son secrétaire il donne l'ordre d'assurer sa vie pour vingt millions de dollars, par lettre ou même par câble. Rien de semblable ne se fait chez nous. Aucune compagnie d'assurances, aucun groupe de compagnies d'assurances n'assure ou ne réassure un monsieur pour vingt millions de dollars, ni pour vingt mille dollars sans lui poser quelques questions et procéder à certaines analyses sur lesquelles il est inutile d'insister. On fait aussi, directement et indirectement, une petite enquête sur les habitudes de l'assuré. On veut savoir combien il prend de « drinks » dans sa journée et à quelle heure on le couche. Fausse donc la légende des vingt millions de dollars d'assurance par le télégraphe !

Enfin, il y a pis. Dans l'antichambre attend un député, rapporteur de la commission des services maritimes, auquel Robinson a déjà fait manquer deux rendez-vous. « S'il en a manqué deux, il en manquera bien un troisième, » dit le Maître de la Mer à son secrétaire, *et il ne le reçoit pas...* On ne saurait trop dire aux Français qu'un tel homme ne resterait pas dans les affaires pendant huit jours en Amérique. Cet Américain-là, c'est un Américain de la Riviera, ou des bars parisiens. C'est un personnage de café-concert, de cinéma. Je mets au défi quiconque de me désigner un président de banque, de compagnie d'assurances ou d'industrie qui donne des rendez-vous à des gens et ne les reçoit pas, quand il est là. Une telle chose est inimaginable. Le temps a trop de valeur pour qu'on se permette de faire perdre celui des autres, mais il suffirait d'une histoire pareille pour dégoûter les Français de venir dans notre pays. Que les Français le sachent bien, l'Américain du type Robinson n'existe pas.

Voilà comment on a créé la légende de l'Américain riche, mal élevé et ayant une conception de l'honnêteté différente de celle que l'on se fait dans les autres parties du monde.

Parce que quelques Français ont acheté sans les étudier de mauvaises valeurs américaines, il ne faut pas conclure que tous les Américains sont voleurs et que toutes les valeurs américaines sont mauvaises. Les gens responsables de ces mauvais placements sont d'abord ceux qui les ont faits sans s'informer et ensuite les banquiers français qui ont introduit ces valeurs sans prendre les informations nécessaires, ou même peut-être qui ont vendu sciemment des obligations mal garanties dans le but d'encaisser, sans responsabilité, la forte commission. Au point de vue de l'exploitation du public la France possède aussi de grands hommes et même de grandes femmes. Le banquier Rochette et Thérèse Humbert ont stupéfié l'Amérique, et l'ont laissée incertaine de savoir ce qu'elle devait le plus admirer de la beauté des opérations ou de la crédulité du public. Si vous aviez eu à New-York plus de banques, d'avocats, d'industriels français, Mme Humbert aurait été loger Crawford autre part qu'ici. Disons donc, en passant, que si dans l'Affaire Humbert il y avait un Américain, cet Américain n'a jamais existé, pas plus que Robinson.

A la série des livres que vos auteurs ont écrits et dont le résultat a été de faire perdre aux Français la confiance en eux-mêmes, il faut ajouter, et en première place, ce livre écrit il y a une vingtaine d'années par M. Demolins et intitulé « *D'où vient la supériorité des Anglo-Saxons* ».

Cette supériorité qui pour nous-mêmes, Anglo-Saxons, n'est pas l'évidence, l'auteur français la dépeint prodigieusement et noircit trois cents pages pour expliquer aux Français en quoi ils sont inférieurs à une autre race.

Pas un Américain connaissant le monde et la vie n'admet pareille absurdité, à savoir : que les Français soient inférieurs à qui que ce soit.

La seule infériorité du Français, si elle existait, serait l'ignorance de sa propre valeur, sa résistance à l'association ; et son indifférence à exploiter les pays qu'il a découverts ou les inventions qu'il a réalisées. Mais est-ce là une infériorité ? C'est l'indice d'un esprit ultra-chercheur qui tend à se porter vers des choses nouvelles ou des pays nouveaux, et d'un désintéressement matériel qui laisse à d'autres le bénéfice de tirer parti des plus belles découvertes.

Ce qui a pu faire croire que les Français étaient inférieurs aux Anglo-Saxons, c'est que ceux-ci, sujets britanniques ou citoyens américains, ont eu depuis cinquante ans le bonheur immense de ne pas être les voisins de l'Allemagne. Cette circonstance leur a permis de se lancer dans l'exploitation des richesses mondiales sans avoir à traîner derrière eux le boulet de la préparation à la guerre et du service militaire obligatoire.

« Ce qui m'a surpris — a écrit quelque part un de vos voyageurs — c'est de trouver en Amérique à la tête des affaires des hommes en général bien plus jeunes que chez nous. ». Ceci n'est pas difficile à expliquer. Quand un jeune homme sait qu'à l'entrée de la vie il devra interrompre ses études, son apprentissage, abandonner sa situation naissante, pour passer deux ou trois ans dans une caserne, il ne fait pas, jusqu'à ce que cet impôt soit payé, l'effort que ferait un Anglais ou un Américain, qui ont devant eux un avenir certain et ininterrompu. Aucun chef de maison en France ne s'intéressera sérieusement à un jeune homme de dix-neuf ans que le service militaire lui enlèvera bientôt. Toute différente est la situation lorsqu'il s'agit d'Anglo-Saxons. Non seulement ils n'ont pas perdu les années consacrées au service militaire, mais ils se sont lancés à seize, dix-sept ou dix-huit ans dans les affaires avec l'ardeur de jeunes hommes qui savent que chaque effort sera récompensé par de l'avancement dans la carrière qu'ils ont choisie. L'Anglo-Saxon a donc sur le Français l'avance des années de service, plus celles des années qui le précèdent.

Un jeune Français qui se destinait à la carrière d'ingénieur et auquel, quelques mois avant la guerre, je demandais quelle était la spécialité qu'il avait choisie, chimie, physique, ou mécanique, me fit cette réponse caractéristique : « Monsieur, avant de choisir la spécialité dans laquelle je me lancerai, j'ai encore deux années de mathématiques spéciales, trois années de service militaire et au moins deux années d'Ecole Centrale. J'ai sept ans devant moi avant de savoir ce que je ferai et où j'irai exercer ma profession. » Quand, à dix-huit ans, on a sept ans devant soi pour choisir une profession, cela paraît toute une existence.

Il faut croire que les Français et les Anglo-Saxons seront placés après la guerre sur le même pied, et que s'ils doivent avoir une éducation militaire, elle sera la même pour chacun d'eux. On verra alors que les Français ne sont pas inférieurs aux Anglo-Saxons. La guerre aura montré au monde entier et aux Français eux-mêmes ce dont ils sont capables. Qu'ils cessent d'être handicapés par la menace d'un dangereux voisin et nous verrons, je l'espère, paraître bientôt le livre vengeur du passé : « *A quoi tient la supériorité des Français.* » Si les Français sont trop modestes pour l'écrire c'est, j'en suis sûr, un Américain qui l'écrira.

LETTRE VI

Quelques bons livres. — Nos architectes vont chez vous depuis longtemps, mais les vôtres peuvent aussi apprendre chez nous.

Depuis la guerre, des auteurs français, et non des moindres, ont écrit des livres remarquables, dans lesquels ils ont eu le courage de dire la vérité à leurs compatriotes. « Notre Avenir » par Victor Cambon, « Agir » par Herriot, « Pour Renaître » et « Vers la démocratie nouvelle » par Lysis, ne mâchent pas la vérité à vos concitoyens.

C'est pourquoi je pense que des observations, même venant d'un étranger, peuvent être reçues sans mauvaise humeur, surtout lorsque cet étranger, qui a vécu longtemps dans votre pays, en reconnaît les charmes plus encore que les défauts, et ne s'illusionne pas sur les abus qui existent aussi en Amérique.

La France serait un pays incomparable si

elle acceptait de rejeter quelques vieilles traditions pour adopter des méthodes plus modernes.

L'Amérique a plus à prendre de la France que la France de l'Amérique, *mais elle le sait et elle le prend.*

Nous envoyons beaucoup plus de nos jeunes gens étudier en France que vous n'envoyez de jeunes Français étudier en Amérique. De plus, votre pays est si attrayant qu'une grande partie d'entre nous le visitent en touristes, et emportent une impression heureuse de la France.

Un voyage d'affaires même, qui amène en France un acheteur américain, est un véritable plaisir. Notre pays offre moins de ressources au point de vue pittoresque et artistique ; vos compatriotes esquivent autant qu'ils le peuvent un voyage outre-mer.

Ce sont donc des Américains qui viennent en France pour acheter, ce sont aussi des Américains qui viennent en France pour vendre. Il y a dans votre capitale, dans vos principales villes, des colonies américaines importantes. Ce sont des jeunes gens qui viennent apprendre l'architecture, la peinture, la musique. Ce sont des Américains qui viennent acheter vos modes, vos nouveautés ; ce sont les Américains riches qui viennent passer l'hiver dans votre Riviera, chasser le renard à Pau, prendre des eaux à Vichy, à Aix-les-Bains, des bains de mer à Dinard, et laisser pas mal d'argent au Casino de Deauville. Ce sont enfin ceux qui, trouvant la vie moins fiévreuse, plus calme, plus douce, transportent leurs pénates à Paris, dans le quartier dit : « des Etats-Unis » et dépensent chez vous l'argent qu'ils ont gagné chez eux.

De tout cela certains Français ont tiré des conclusions fausses : « Pourquoi, disent-ils, irions-nous apprendre l'architecture aux Etats-Unis, puisque trois cents Américains sont en permanence à Paris pour recevoir notre instruction à l'Ecole des Beaux-Arts ? »

Les architectes français qui iraient en Amérique apprendre nos manières de construire ne perdraient pas leur temps. Certes, ce n'est pas là qu'ils apprendraient l'art grec ni la connaissance des styles, mais ils apprendraient avant de construire une maison, à faire le plan complet de l'électricité, du chauffage, de l'écoulement des eaux, etc.

Ils apprendraient la méthode rapide de faire des constructions. Ils apprendraient aussi une multitude d'emplois de matériaux qu'on ne connaît pas chez vous où l'on construit encore trop souvent comme au moyen âge.

LETTRE VII

Légende de Morès.

Voici la légende de Morès, telle qu'on la raconte dans les clubs de Paris :

Morès, qui était un philanthrope, s'aperçut un jour que les fermiers des Etats-Unis étaient exploités par les grands marchands de viande de Chicago (packing houses). Epris de justice, il s'occupa de trouver pour les fermiers américains des débouchés directs afin qu'ils pussent vendre leurs animaux plus cher et encaisser les bénéfices que faisaient sur eux les spéculateurs.

Un jour il achète des quantités énormes d'animaux. Les méchants spéculateurs américains, qui avaient fait contrat avec les lignes de chemins de fer, sans prévenir Morès, lui refusèrent des wagons pour transporter sa marchandise à Chicago, et il fut ruiné.

Beaucoup de cercleux parisiens en ont déduit que les Américains sont des voleurs.

L'histoire, la vraie histoire, je crois la connaître. Elle doit être celle de centaines de malheureux qui sont venus en Amérique faire des affaires sans avoir étudié aucun métier et sans connaître l'a. b. c. du commerce. Je crois que Morès avait oublié la question des transports ; vraisemblablement il a voulu créer de toutes pièces en peu de temps une organisation contre des gens qui étaient plus forts que lui, et qui se sont défendus.

LETTRE VIII

Eloge de la France par Edison. — Les Français sont d'admirables patriotes, des hommes bien élevés, instruits, mais passifs et bureaucrates.

Notre illustre savant Edison a parlé de la France en ces termes, auxquels nous souscrivons tous avec tout notre cœur et avec toute notre conscience.

« Pour moi cette guerre a prouvé que la France est l'étendard du monde. En elle nous voyons une nation, réellement gouvernée par un peuple qui l'aime sincèrement, combattre et se sacrifier avec un enthousiasme sans égoïsme, qu'on ne rencontre nulle part ailleurs.

« On trouverait peut-être un équivalent dans les exploits de nos Américains aux jours de notre guerre révolutionnaire, mais je doute même de cela. A mes yeux les Français prouvent qu'ils sont le vrai peuple du monde, le peuple le plus magnifique peut-être que le monde ait jamais connu, car il joint à un pouvoir merveilleux le dévouement absolu qui le porte au sommet du sacrifice presque fanatique.

« Dans la France, je vois la nation qui a cherché et a trouvé plus de réalité qu'aucune autre nation. Les Français possèdent une culture réelle et non l'*habileté commerciale et la réalisation pratique seulement comme les Américains*, et non la *tradition de l'argent venu par héritage* comme les Anglais. Ils ont une véritable aristocratie, non d'argent comme la nôtre ou de naissance comme l'Angleterre, mais d'une *valeur pure*.

« Et ils nous montrent, en ces jours, l'avantage de ne pas adorer l'argent comme nous en Amérique ou la caste comme les Anglais, ou le militarisme comme les Allemands ; ils nous montrent encore plus clairement un patriotisme admirable, dévoué à un degré superbe. Et peut-être le mieux de tout est qu'ils se sont montrés, dans cette guerre terrible, exempts de cette brutalité qui a caractérisé si généralement leurs ennemis allemands. Ma ferme conviction est que la destruction de la France serait le pire désastre que pourrait subir le monde. » (1)

De cette citation nous voulons retenir ceci : « La France possède une culture réelle et non pas seulement l'habileté commerciale et la réalisation pratique comme les Américains. »

Pour moi j'accorderais aux Français toutes les qualités que leur donne Edison et en plus j'ajouterais que les Français possèdent parfaitement l'habileté commerciale et la réalisation pratique. Quand ils y ajoutent encore l'avantage de la culture réelle, ce sont des hommes tout à fait supérieurs.

Malheureusement, ils sont généralemenl écrémés et endigués vers le fonctionnarisme. Ils deviennent professeurs, juges, officiers, diplomates, préfets. Parfois même, après avoir atteint le plus haut degré de culture, ils ne font rien que de toucher des loyers et des coupons d'obligations que leur ont laissés leurs pères. A ceux-là nous n'avons rien à dire et rien à apprendre. S'ils sont satisfaits de leur sort, nous ne les envions pas, et nous regret-

(1) Extrait de l'*Observer* de Londres.

tons de voir de belles intelligences, admirablement cultivées, qui ne sont pas employées.

J'écris pour ceux qui ont besoin de faire leur situation, pour ceux qui n'ont pas été pourvus par leurs parents. Le nombre des premiers va du reste diminuer, par suite des impôts formidables que l'État devra mettre sur les revenus et sur les héritages. Et, lorsque ces Français bien élevés et bien éduqués devront tirer parti de leur instruction et diriger leur activité sur un terrain pratique, je leur répéterai qu'ils ont tort de tourner le dos à notre pays, où leurs véritables qualités sont appréciées à leur juste prix, et où leur nationalité, loin d'être une gêne, leur créera une sympathie générale et ouvrira devant eux toutes les portes.

LETTRE IX

L'ouvrier d'art. — Il y aura toujours place pour le talent et l'intelligence. — La mode; la France crée tous les modèles, des étrangers les exploitent. — Mettez votre pays en valeur. — Les Français qui s'installeraient chez nous ne seraient pas perdus pour la France.

J'entends les observations des gens qui liront mes lettres :

« Nous sommes un pays d'artistes, nous sommes des gens de goût ; nous repoussons avec horreur cette conception du travail qui consiste à regarder la machine en défendant à l'ouvrier d'exercer son adresse et son habileté professionnelle. »

Il faut prendre l'industrie comme elle est, ou la laisser.

Les ouvriers de la Monnaie doivent fabriquer des louis et des écus sans y incorporer leur goût ni leur fantaisie personnelle, et il en sera de même pour les pièces mécaniques qui entrent dans la fabrication des machines à coudre, à écrire, des automobiles.

Cela veut-il dire qu'il n'y a plus de place pour l'intelligence ? Que non !

D'abord, il faut les créer, ces machines admirables qui font tout elles-mêmes, depuis des boutonnières jusqu'à des pieds de fauteuil Louis XV. Il faut aussi créer des modèles, et là il faut des ouvriers de premier ordre, des dessinateurs originaux. L'ouvrier habile, le bon mécanicien ne sera jamais laissé devant une machine qui fabrique à la grosse des vis ou des clous. Il sera réclamé et attiré à coups de dollars dans les ateliers où l'on crée ces machines, où on les monte et où on les règle.

On fait à New-York, à Chicago, des chapeaux à la grosse ; mais il faut créer, modifier, composer les modèles qui vont être répétés des milliers de fois. On a besoin de véritables artistes. Les maisons qui se livrent à ce genre de travail les recherchent, hommes ou femmes, et savent les payer à des prix que l'ouvrière créatrice d'une pièce unique n'a jamais connus, peut-être jamais rêvés.

C'est encore en France qu'on vient chercher ces modèles et qu'on les paie des prix énormes. Peut-être malgré cela le bénéfice des copistes américains est-il plus grand que celui du créateur parisien. Qu'est-ce donc qui empêche le créateur parisien d'aller en Amérique se copier lui-même ? Au surplus, sont-ce bien les Américains qui viennent à Paris acheter ces modèles et tirer en Amérique du même sac un nombre infini de moutures ?

Modistes parisiennes, fées de la Mode, essayez de prononcer les noms de vos clients Américains, et vous vous apercevrez qu'ils ne sont nés ni dans la mode, ni même dans l'Amérique du Nord. Ce sont pour la plupart des industriels habiles, intelligents et fort laborieux, des Allemands, Russes, Hongrois, qui ont su se placer au croisement des deux courants, d'un côté la productivité créatrice infinie de l'ouvrière parisienne, de l'autre la demande illimitée des femmes américaines pour tout ce qui a le cachet français.

Pourquoi donc, Français, n'allez-vous pas en Amérique faire vous-mêmes la distribution de vos créations ? Un pareil déplacement ne serait pour vous ni l'exil, ni même l'absence prolongée, car la plupart des chefs de ces maisons américaines passent une partie de l'année à Paris. C'est un champ d'action que vous avez négligé et qu'il vous est loisible de reprendre quand vous voudrez.

Dans nos Etats-Unis, la population augmente tous les jours et la consommation encore plus. Vous n'aurez nul besoin pour vous faire jour de jouer des coudes ni de renverser des commerces établis ; il y a place pour les nouveaux venus, sans qu'il leur soit nécessaire de passer sur le corps de leurs concurrents. Ceux-ci peuvent continuer leurs affaires, ceux-là en établir de nouvelles...

Ce qui est vrai de la mode est vrai d'une multitude d'autres spécialités : cela est vrai de la robe, de la bijouterie, de l'ameublement, et de beaucoup d'autres industries, dans lesquelles vous avez une avance considérable et un acquis que personne ne songe à vous contester.

Certains diront que vous faites tort à votre pays en portant votre activité au dehors. Laissez-les dire ; quoi que vous fassiez, ceux-là vous ne pourrez jamais les satisfaire. Vous irez en Amérique exploiter votre talent comme Enrico Caruso y va chaque année exploiter ses cordes vocales. S'il vous plaît de revenir en France comme lui-même revient à chaque saison en Italie, vous apporterez à la France l'aide des capitaux que vous aurez gagnés aux Etats-Unis. Vous serez un contribuable de premier ordre pour votre Gouvernement ; mais vous rapporterez autre chose que de l'argent : vous rapporterez des idées, des inventions, des habitudes de travail qui seront pour vous, pour vos amis, pour vos associés, pour vos compatriotes, de vrais trésors.

Il y a au Mexique toute une colonie de Français venus pauvres des Hautes-Alpes ; on les appelle les « Barcelonnettes ». Ils ont beaucoup fait pour le Mexique ; ils ont beaucoup fait pour leur province natale qu'ils ont enrichie ; enfin ils cnt bien travaillé pour la France en maintenant au Mexique l'influence française.

Certains d'entre vous, séduits par l'atmosphère spéciale des Etats-Unis s'y fixeront pour ne plus revenir ; cela sera un gain pour les Etats-Unis, mais cela sera aussi un gain pour la France à laquelle, pendant des générations, ils resteront attachés. Ils contribueront à établir entre la France et l'Amérique un courant d'idées qui nous est aussi nécessaire qu'à vous-mêmes. Leur perte sera largement compensée par la quantité d'Américains qui viendront dans votre pays y dépenser leur activité et leur argent.

C'est par des échanges de ce genre que nos deux Républiques cimenteront véritablement l'alliance qui existe depuis si longtemps entre nous.

Les Allemands ont répandu largement l'idée que vous étiez un peuple dégénéré, en retard, mûr pour la conquête. Après leur avoir prouvé par les armes qu'ils se sont trompés, montrez-leur par votre activité pacifique ce dont vous êtes capables.

Notre pensée, à nous Américains, est que vous êtes la plus grande nation du monde ; mais nous savons que dans le domaine industriel, vous avez complètement négligé de tirer parti de vos avantages. C'est une faiblesse qu'il faut immédiatement réparer.

Pour vous y aider, nous sommes prêts à vous donner, partout et toujours, la préférence, mais il faut que vous vous aidiez vous-mêmes, autrement votre pays finira un beau jour par ne plus vous appartenir.

Vous avez failli être conquis deux fois. Une première fois par l'envahissement systématique et méthodique de l'Allemand dans le domaine industriel, commercial et colonial ; une seconde fois par la force des armes. Votre courage, votre souplesse merveilleuse et l'aide de vos Alliés vous permettront de reconduire chez eux, et même un peu plus loin, vos ennemis. Mais ceci doit vous servir de leçon.

Si vous ne mettez pas votre pays en valeur, d'autres que vous, Alliés ou neutres, viendront vous remplacer. Déjà avant la guerre vous étiez obligés pour la plupart des gros travaux d'appeler chez vous des Belges, des Italiens, des Espagnols et même des Kabyles. Ces tâcherons ne retournent pas tous chez eux, certains restent, abandonnent la bêche, s'élèvent, et finissent par prendre dans des métiers supérieurs les places que vos fils méprisent pour devenir des fonctionnaires. A la Bourse, dans la Banque, maints bons emplois étaient tenus par des Suisses, des Belges, des Allemands, des Arméniens, des Syriens et des Grecs.

Vos plus belles villas et vos meilleurs hôtels étaient souvent occupés par des étrangers, tandis que vos nationaux devaient se contenter des petits trous pas chers; n'est-ce pas absurde?

Mes compatriotes pourront aussi faire leur profit de ces observations, car peu à peu les fils riches de nos grandes familles se laissent attirer vers des professions faciles, leur permettant de s'offrir des week-ends copieux et des voyages annuels en Europe. Ce ne sont pas les élèves de nos Universités qu'on rencontre dans beaucoup de nos industries les plus prospères, où il est nécessaire d'apporter des connaissances laborieusement acquises au prix d'un apprentissage prolongé, ce sont chez nous aussi des étrangers, des Européens autres que vous, qui occupent ces situations.

Nos fils à papa préfèrent être avocats, banquiers, marchands d'immeubles. Dans la plupart des grandes entreprises les vrais Américains sont vendeurs ; s'ils sont bien doués, ils trouvent ainsi une rémunération immédiate et un salaire élevé dès le début. Les chimistes, les électriciens sont généralement des Suisses ou des Allemands, mais la direction des affaires est restée pour la plus grande part entre des mains américaines, et chez nous ce ne sont pas les étrangers qui habitent les meilleurs hôtels et les plus belles villas.

Il ne faut pas voir ici l'idée que l'argent est tout. L'argent est méprisable s'il ne représente que le moyen de se procurer des jouissances, mais il est respectable quand il représente la puissance.

Vous avez prêté votre argent à la Russie, à la Turquie et au Honduras ; si vous l'aviez prêté à vos industries...

On reste confondu de voir l'activité de la France dans l'Amérique du Sud et de la comparer à son abstention presque absolue dans l'Amérique du Nord ! Que n'y eût-elle pas fait ?

Comparez aussi ces chemins de fer, ces ports si modernes faits par des Français, à ceux de la France !!!

LETTRE X

Représentation des produits français aux Etats-Unis. — Vous devriez la faire vous-mêmes. — 80 millions vous échappent chaque année. — Une vendeuse française à New-York doit conserver l'accent parisien.

Le premier des commerces qui devrait en bonne logique être exercé par des Français c'est bien celui de l'importation et de la vente de leurs propres produits aux Etats-Unis. Or, ce n'est ni vous, ni nous qui introduisons et distribuons les huit cent millions de francs que la France nous vend chaque année.

Cette vente donne lieu à une commission qui n'est pas inférieure à 10 %. C'est donc quatre-vingt millions de francs qui vous échappent, avec lesquels on pourrait payer un grand nombre d'employés et de voyageurs français.

Il n'y a qu'à lire les noms des représentants de produits français à New-York pour s'en convaincre. C'est en vain que vous y chercheriez des noms comme Benoît, Durand, l'Evêque, ou Gaudissard. Vous avez plus de chance d'y trouver ceux de Hindenburger, Berliner ou Rheinfeld.

Cependant le Français est bien vu de la clientèle, et ses produits seront toujours mieux représentés par lui-même.

Une jeune Française, à qui la guerre a fait quitter la place Vendôme pour venir vendre des robes à New-York, affirmait à son patron qu'avant trois mois elle parlerait l'anglais sans accent. « Gardez-vous en bien », lui répondit-il, » nous vous avons engagée comme vendeuse française, et il convient que vous conserviez l'accent parisien. Sachez assez d'anglais pour comprendre ce que veut la clientèle, mais conservez vos fautes de langage. Elles affirment votre origine parisienne, qui est votre première qualité. »

Venez donc dans l'Amérique du Nord, commis-voyageurs de France. Votre bonne humeur, votre politesse y seront mieux appréciées que nulle part ailleurs, et si vous avez perdu un bras ou un œil à la guerre, vous n'en serez que mieux reçus. Le client américain se fera un plaisir de vous acheter et parfois il vous donnera des commandes pour plus qu'il n'a immédiatement besoin.

LETTRE XI

Industrie des soieries. — Les Français ont vendu aux Etats-Unis 90 0/0 de leur consommation. — Aujourd'hui 4 0/0. — Ils ont perdu également le commerce des soies grèges. — Soie artificielle : « Rien n'égale l'habileté des Français à inventer de nouvelles choses, si ce n'est leur inhabileté à en tirer profit. »

Cette industrie est une des plus prospères des Etats-Unis. En 1875, il y a un peu plus de quarante ans, les Français vendaient aux Etats-Unis pour environ soixante millions de soieries qui représentaient 90 % de la consommation américaine. Aujourd'hui la population de l'Union a plus que doublé, et ses besoins ont plus que décuplé. Les Français vendent toujours à peu près le même chiffre d'étoffes de soie aux Américains, environ 60 millions ; mais ce chiffre ne représente plus que 4 % de la consommation américaine, qui est passée pendant cette période de 60 millions de francs à *quinze cents millions*.

A l'abri de droits protecteurs, qui n'ont rien de bien excessif, puisque les Français importent toujours la même quantité que jadis et même davantage et que les Japonais, qui n'importaient rien en 1875, vendent aux Américains à peu près autant qu'eux, s'est constituée l'industrie nationale des soieries, qui est actuellement la plus importante du monde. Il était facile à vos compatriotes de prendre a meilleure place dans cette industrie si prospère. Ils avaient le goût, la connaissance du métier, la clientèle et le capital. A part de rares exceptions, ils se sont cependant tenus à l'écart. Est-ce parce qu'ils ont l'horreur de l'expatriation ? Non, certes, car les Lyonnais tiennent la tête dans l'industrie russe des soieries. Ils possèdent également des usines en Italie et dans l'Alsace. Ils sont parmi les Français ceux qui vont le plus facilement s'installer à l'étranger.

On les trouve en Algérie, en Tunisie, à Madagascar, en Espagne, dans l'Amérique du Sud, dans l'Afrique Occidentale. Ils possèdent des établissements prospères en Chine et au Japon. C'est donc qu'ils ont eu peur des Américains et ils ont eu bien tort, car l'Américain pur-sang, autant qu'on peut appliquer ce terme à un Américain, n'a pris lui-même qu'une faible part au développement de cette industrie formidable.

Le roi de la soie opère avec 6.000 métiers; il nous est arrivé de Vienne, (Autriche), il y a 25 ans.

Par ordre d'importance, les deux affaires qui prennent rang après la sienne appartiennent à des Suisses, qui sont venus en Amérique, l'un y il a quarante ans et l'autre il y a vingt ans. Ensuite, toujours par ordre d'importance, on cite une maison américaine, installée dans le New England depuis trois générations. Puis, deux frères américains, qui partis de rien, sans aucune connaissance professionnelle ni technique, sont aujourd'hui à la tête d'une société au capital de vingt millions de dollars. Ils ont changé leur nom à la consonnance germanique, pour la traduction de ce même nom en anglais ; ils ont amassé une fortune considérable et ont cela de particulier qu'un seul des frères travaille à la fois tandis que l'autre s'amuse et parcourt le monde. Au bout de deux ans, l'explorateur revient fabriquer de la soierie, tandis que le fabricant va se promener à son tour.

A Lyon les bureaux des fabricants sont généralement ornés d'un portrait de Jacquard, d'un cheval de course qui franchit une haie de taffetas noir ; chez les deux frères en question les murs sont garnis de dépouilles de lions, tigres, buffles, etc. Je cite leur exemple parce qu'il est caractéristique et pour donner aux Français un peu plus de confiance en eux-mêmes. En Amérique une très forte éducation technique n'est pas toujours nécessaire.

Ensuite on peut citer la grande usine de Sunbury, qui fabrique pour quinze millions de dollars de soieries et appartient à des Allemands d'Elberfeld. Cette usine s'est spécialisée dans les articles mélangés, qui étaient, il y a 25 ans, une spécialité absolument française. Les Français se sont laissés déposséder sans combattre, la clientèle leur appartenait exclusivement. Ce n'est pas une industrie allemande que cette maison a apportée en Amérique, mais c'est une industrie française, car les Français étaient de beaucoup supérieurs dans cette branche de l'industrie soyeuse.

Parmi les dix plus importants fabricants des Etats-Unis on ne peut citer que deux

Américains et un Français. C'est un champ d'activité qui vous appartenait tout entier, et que vous avez laissé prendre, non pas par les Américains, mais par des étrangers qui vous ont emprunté, pour s'installer, vos contremaîtres et vos clients. La plupart se sont établis avec peu ou point de capital et ont développé leurs affaires avec leurs profits. Ce n'est pas du reste le capital qui vous manquait.

Il y a aussi aux Etats-Unis une douzaine de fabriques de velours de soie. Parmi ces fabriques, deux sont américaines, une française, les autres ont été créées par des Alsaciens, des Allemands et des Anglais.

L'industrie de la teinture des soies, elle, a été créée par des Français, des Alsaciens et des Suisses, tous à la tête de maisons prospères. Ce qui a été fait dans la teinture aurait pu être fait dans le tissage des étoffes.

Commerce des soies.

En 1870, après le percement du Canal de Suez, le commerce des soies grèges abandonna le marché de Londres pour venir à Lyon. Les commerçants lyonnais établirent des maisons à Yokohama, à Shanghaï, à Canton, et aux Indes. Ils possédaient ou commanditaient des filatures en Syrie, en Anatolie. Ils allèrent en Perse, en Afghanistan, acheter des cocons. Il y a quarante ans les filatures et les moulinages de soie, aussi bien en Europe que dans le Levant ou dans l'Extrême-Orient, étaient contrôlés par des maisons françaises. Rien n'était plus simple que de conserver entre vos mains le marché des soies à New-York. Aujourd'hui l'Amérique importe plus de la moitié des soies produites par le monde entier, mais ces soies sont vendues aux Américains par des Italiens, des Suisses, des Japonais et des Hindous. Votre pays n'est représenté parmi les quarante maisons qui se divisent ce chiffre d'affaires de près d'un milliard de francs que par une seule maison dirigée par une dame veuve.

Ce commerce est loin de constituer un monopole. Peut y entrer qui veut. Il y a encore des Français à Yokohama, à Shanghaï et a Canton, dont les exportations aux Etats-Unis pourraient être distribuées par des Français. Il suffit qu'ils y viennent connaissant leur métier pour trouver ici à monter des affaires ou à travailler dans les maisons existantes.

Industrie de la soie artificielle.

Le procédé pour fabriquer la soie artificielle avec la cellulose végétale a été découvert par un Français, capitaine d'artillerie, le comte de Chardonnet, il y a à peu près vingt ans. La Société de Chardonnet, dont le principal établissement se trouve à Besançon, a fondé des succursales en Suisse, en Italie, en Belgique, et en Hongrie. Plus tard d'autres procédés furent découverts pour fabriquer cette soie artificielle par d'autres moyens. Les Français continuèrent à occuper une place prépondérante dans ces nouvelles inventions. On fabrique la soie artificielle en France un peu partout et un peu de toutes les manières. Il y a des usines en Normandie, près de Dieppe, à Givet, à Saint-Chamond, à Saint-Etienne, et aussi dans l'Ardèche ; mais ce sont des Anglais venus plus tard à cette industrie, qui ont fondé aux Etats-Unis l'affaire la plus importante. Leurs usines situées à Marcus Hook, près de Philadelphie, fabriquent plus de cent mille livres de soie par semaine. On peut citer ici le mot sévère mais juste : « Rien n'égale l'habileté des Français à inventer des nouvelles choses, si ce n'est toutefois leur inhabileté à en tirer profit. »

Dans ce cas, comme dans tant d'autres que nous citons, ce ne sont pas des Américains qui sont venus installer et développer aux Etats-Unis cette invention d'un Français, ce sont des Anglais.

LETTRE XII

Vos artistes. — Trop de respect pour les morts, pas assez pour les vivants. — Le palais de la Légion d'Honneur à San Franciscò : Décoration de vos paquebots : occasion perdue pour la réclame. — De l'audace !

Vous avez en France une phalange d'artistes incomparables. Si j'étais multi-millionnaire, je me garderais bien d'acheter avec mes millions des Rembrandts, des Gainsboroughs pas toujours authentiques. J'irais dans vos expositions et j'achèterais des tableaux qui me plaisent sans regarder les signatures. Vaille que vaille, je ferais ainsi une collection qui porterait l'empreinte de ma personnalité. Dans vingt ans, après avoir joui des tableaux, des sculptures, j'aurais peut-être la satisfaction d'amour-propre d'avoir découvert des génies. En tout cas, j'aurais eu le bonheur d'avoir encouragé les artistes de mon temps et de n'avoir pas simplement enrichi les marchands de bric-à-brac en payant des prix fous des tableaux que je cesserais d'aimer si on déclarait qu'ils n'étaient pas authentiques.

J'entends les Français dire : « Tout cela est fort bien, mais ce sont vos compatriotes qui ont créé la surenchère sur les œuvres anciennes et qui n'ont jamais encouragé les artistes vivants. » Cela est exact, mais êtes-vous bien certains que votre Gouvernement et vous-mêmes n'avez pas encouragé cette fâcheuse tendance ?

A l'Exposition de San Francisco votre pavillon représentait le joli palais de la Légion d'Honneur à Paris, construit, je crois, par l'architecte Gabriel. A mon avis, il aurait été bien préférable d'y faire construire un pavillon par un de vos bons architectes ou de choisir parmi les dessins de vos jeunes talents celui que vous auriez trouvé le meilleur pour représenter le génie de la France actuelle. Tout le monde sait que vous avez eu des architectes remarquables au temps de Louis XV, mais pourquoi ne pas donner à un citoyen vivant de votre République l'occasion de montrer son talent ? Il n'y a pas de risques à construire un palais en plâtre dans une exposition qui ne durera que six mois. Supposez que votre homme ait produit une croûte : la pioche du démolisseur l'aurait flanquée par terre comme le reste aux premières gelées. Supposez au contraire que votre architecte ait dessiné un chef-d'œuvre : quelque ville américaine soucieuse de construire un hôtel de ville, ou un Sénat, quelque particulier désirant une maison de campagne, aurait retenu le nom de son auteur. Et voilà un homme lancé. On lui fait construire ici des hôtels de ville, des palais de justice. Comme il est Français il s'adresse pour la décoration et l'ameublement à des artistes, des décorateurs, des sculpteurs, et des tapissiers français, pour les jardins à des pépiniéristes français... Vous perdez les occasions de vous faire connaître. Vous avez trop de respect pour les morts en France, pas assez pour les vivants.

Ce que je dis au sujet de l'Exposition de San Francisco, je pourrais le répéter bien des fois. Un autre exemple. Votre Compagnie Transatlantique a lancé il y a peu d'années un superbe paquebot « La France ». Ce paquebot est très bien meublé. On pourrait faire quelques critiques et dire que le salon Louis XIV est trop Louis XIV et pas assez confortable. Mais je me bornerai au principe. Pourquoi un salon Louis XIV ? Pourquoi ne faites-vous pas un salon IIIe République ? C'est une admission d'incapacité de ne trouver pour décorer un paquebot que des modèles pris à Versailles. Il y a un autre salon qui n'est pas Louis XIV et qui est orné de peintures anciennes et de tapisseries anciennes. Il est fort joli et d'un goût très sûr. Mais pourquoi, au nom du ciel, ne pas saisir cette occasion d'aider la peinture moderne et la tapisserie moderne ? Ces paquebots sont subventionnés par le Gouvernement, pourquoi le Gouvernement, qui possède une fabrique de tapisseries aux Gobelins, n'a-t-il pas encore exigé de recevoir la commande ? Si ses fabriques sont déjà trop occupées, pourquoi ne pas exiger que la décoration de ce navire soit faite avec des œuvres modernes françaises ? Un navire est une exposition permanente. Les tapisseries exposées dans ces salons seraient vues, contemplées, et appréciées par la vraie clientèle capable d'en acheter de semblables. Mettre des objets anciens sur un paquebot destiné à transporter des voyageurs entre l'Amérique et la France, c'est manquer l'occasion rare de montrer aux voyageurs les ressources infinies actuelles de votre pays au point de vue de l'art et du bon goût.

Un navire ne dure pas toujours. Si on s'est trompé, ce ne sera pas une catastrophe. Les navires s'usent, sont voués à la destruction. Un ameublement se change s'il est raté.

Dans ce même navire, je me rappelle une sorte de vestibule d'où l'on avait accès aux ascenseurs. C'était une merveille de fer forgé et de cuivre ciselé, du travail moderne et du beau travail. Je suis convaincu que son auteur aura recueilli de la part des voyageurs de « La France » de sérieuses commandes, et c'est justice.

En résumé, vous n'avez pas intérêt à attirer l'attention du public étranger sur les objets anciens dont vos musées sont si riches. Ils sauront bien aller les voir et s'en inspirer. Montrez leur donc plutôt ce que vous faites maintenant. Vous avez assez de talents en votre pays pour ne pas craindre de montrer ce que font les vivants.

Quand il s'agit de manier un pinceau, un ciseau, que dis-je un ciseau — des ciseaux et une aiguille — vous n'avez rien à craindre, et comme les soldats de Napoléon, vos artisans peuvent dire avec fierté « C'est nous les ancêtres ! »

LETTRE XIII

Octrois. — *Quo usque tandem!...* — Odyssée d'un lièvre. Méfaits plus graves des octrois.

Lorsqu'ils viennent en Amérique, les Français se plaignent volontiers de la douane américaine, et cependant cette opération pour ceux qui ne cherchent pas à frauder le Trésor est accomplie en peu de temps, une heure en moyenne. Le voyageur peut ensuite circuler à travers quarante-neuf Etats, parcourir des milliers de milles, sans jamais apercevoir un douanier.

A quelle perte de temps, d'argent et de main-d'œuvre la perception des impôts aux portes des villes de France ne donne-t-elle pas lieu !

J'ai habité longtemps Neuilly-sur-Seine. Quatre et six fois par jour j'ai dû arrêter l'automobile à l'octroi pour faire mesurer l'essence, payer quelques sous pour la consommation effectuée à l'intérieur de Paris, répondre aux questions, donner des signatures, et, à l'occasion, ouvrir mon sac.

Un jour, revenant de chasser à Chartres et désireux d'apporter un lièvre à des amis qui habitent Chantilly, je dus déclarer et payer l'octroi pour ce gibier aux portes de Chartres et de Versailles. On me rendit mon argent moins deux sous à la sortie de ces villes, mais à l'entrée du Bois de Boulogne, je dus recommencer la première opération, et à la sortie de ce beau parc pour entrer à Neuilly, recommencer la seconde. Je n'étais pas au bout de mes peines car, me dit mon chauffeur, « la ville de Neuilly s'attend à recevoir quelque chose sur cet animal. » Je recommençai donc à payer la ville de Neuilly, puis, comme je devais me rendre de Neuilly à Chantilly en chemin de fer, je renonçai à me faire rendre mon argent, mais je dus payer de nouveau à l'entrée de Paris lorsque je me rendis à la gare. On me rendit, je dois en convenir, l'argent que j'avais payé aux portes de Paris, et je débarquai triomphalement mon lièvre à Chantilly, après avoir fait 9 opérations de douane et de transit !

Si pareille chose existait en Chine, les grandes puissances, dont la France, en exigeraient la suppression. Habitués depuis de longues années à ces petites tyrannies, les Parisiens acceptent sans crier ce réseau de formalités, mais le temps est trop précieux pour qu'on puisse le gâcher ainsi. Ce peuple d'employés, qui reçoit, rend, signe, applique des cachets, des visas, des plombs, pourrait être mieux employé à autre chose.

Les Américains qui iront en France, de plus en plus nombreux, convaincront les Français que la vie urbaine peut se passer d'octroi, et les Français qui viendront en Amérique pourront en voir la preuve. On n'imagine pas un octroi entre Brooklyn ou Jersey City et New-York !

Mais les octrois sont responsables d'autres méfaits. C'est à cause d'eux que les jolis environs de Paris, comme Saint-Cloud, Clamart, Saint-Germain, ne sont pas ce qu'ils devraient être : la résidence des Parisiens. L'octroi et des moyens de transports désuets en sont la cause.

LETTRE XIV

Défauts de notre tarif *ad valorem.* — Vos tarifs minimum et maximum. Notre tarif unique. — Nous avons à nous plaindre aussi : les tarifs sont à refaire.

Le tarif douanier américain, qui est élevé, a provoqué en France des plaintes multiples. Il semble que c'est la forme de ce tarif *ad valorem*, plutôt que son taux, qui provoque ces réclamations.

En effet, l'exportateur français qui envoie des marchandises en Amérique doit en indiquer la valeur. Il lui est déjà particulièrement dur de devoir fixer lui-même la valeur d'une marchandise sur laquelle il devra payer 15, 25, 45 et même 60 % de droits. Et, s'il y a discussion au sujet de cette valeur avec la douane américaine, cette dernière fixe elle-même et sans recours la valeur des marchandises sur lesquelles elle va percevoir un droit élevé.

Cette situation place l'importateur entièrement à la merci de la douane, ce qui est vexatoire.

Enfin, pour beaucoup de marchandises françaises, il est réellement difficile d'indiquer le prix du marché, établi la moitié du temps par une demande passagère, et d'après la réputation de la maison exportatrice.

Quand on refondra les tarifs douaniers, il sera désirable que l'Amérique adopte un tarif spécifique et que les droits soient perçus d'une manière qui ne puisse donner lieu à discussion.

Presque toutes les nations d'Europe, la France, l'Italie, l'Allemagne, la Russie, défendaient leurs industries par des droits *spécifiques* et non par des droits *ad valorem.* Une fois le tarif établi, il est facile à appliquer, les droits étant perçus à raison de tant par unité, tant par mètre, tant par douzaine, tant par kilo.

De leur côté les Français doivent tenir compte de ce que la plupart des marchandises qu'ils exportent aux Etats-Unis sont des objets de luxe : soieries, robes, chapeaux, lainages, etc, etc. Ce ne sont pas eux qui paient les droits mais en réalité les Américains consommateurs qui consentent à payer cher les marchandises importées

C'est le tarif douanier américain qui reste responsable de la prospérité de l'Amérique du Nord, et elle n'achète du Champagne et des chapeaux de France que lorsqu'elle est prospère. *C'est quand le tarif a été le plus élevé* que les Français ont fait *le plus d'affaires*, et les meilleures, avec l'Amérique du Nord.

Qu'ils cessent donc de se plaindre si le tarif est élevé, car lorsque le parti démocratique a supprimé les droits sur les marchandises importées, l'industrie américaine est tombée dans le marasme et les Américains n'ont plus rien importé du tout.

Ce que les Français doivent chercher à obtenir c'est le tarif le plus avantageux. Ils doivent insister pour que l'Amérique ait deux tarifs, comme la France elle-même, et demander notre tarif minimum en échange de leur tarif minimum : c'est l'essence de la politique douanière française.

En attendant la solution de ce problème, il faut reconnaître que l'Amérique a plus à se plaindre que la France de la politique douanière des deux pays, car elle a payé pour envoyer ses marchandises en France le tarif *maximum* français, tandis que les Français n'ont payé pour vendre leurs marchandises en Amérique que le tarif *unique* américain. Ce tarif est sévère peut-être, mais il est le même pour tous, tandis que les marchandises américaines ont payé plus que celles des autres nations.

Un exemple : actuellement les soieries suisses payent pour entrer en France 3 frs. 25 par kilo et les soieries américaines, 15 francs.

LETTRE XV

Le libre-échange chose périmée. — Une nation n'est forte que si elle possède toutes les industries. — Produire ! — Pour cela, n'effrayez ni les étrangers ni les capitaux. — Exportez vos industries.

La merveilleuse prospérité de l'Amérique et de l'Allemagne a été établie sur la *protection*. L'Angleterre qui avait inventé le libre-échange sait qu'elle devra abandonner ce système qui a peut-être contribué à la guerre, car si elle avait été protectionniste les Allemands n'auraient pas pu tant grandir en envahissant le marché anglais et en refusant aux Anglais le marché allemand.

La naïveté des libre-échangistes français éclate aujourd'hui à la lumière des faits. Leur doctrine d'acheter chez les autres ce qu'ils peuvent produire meilleur marché que vous est cause que la France s'est trouvée sans industrie chimique, sans fabrique de chlore, sans machines-outils, lorsque la guerre est venue, en un mot dans l'impossibilité de soutenir une lutte durable. Ce n'est que parce qu'elle a pu trouver autre part, surtout aux Etats-Unis, ce qui lui manquait, qu'elle a pu se défendre.

Une nation ne peut rester grande qu'à condition de maintenir chez elle les industries chimiques et métallurgiques, sans lesquelles on ne peut résister à un ennemi outillé industriellement. Il a fallu cette dure leçon aux Français pour qu'ils reconnaissent ces vérités.

Les défenseurs du libre-échange sont tombés dans la même erreur que les socialistes fervents d'internationalisme. Un pays doit compter sur lui-même pour sa défense et avoir la sagesse de ne pas grouper toute son industrie dans la même région, surtout, comme c'était votre cas, dans une région frontière.

Vos industries textiles de la laine et du coton, saisies dès le commencement de la guerre par les Allemands, ont mis un moment la France dans la presque impossibilité de se vêtir. Il est encore heureux qu'une faible partie de votre industrie se soit trouvée située dans d'autres parties de la France, de sorte que vous avez pu peu à peu vous tirer d'affaire.

La grande guerre économique se prépare. Il faut que la France change non seulement son outillage, mais encore sa mentalité. Elle ne peut rétablir ses finances qu'à la condition de produire avec acharnement.

Il faut que les syndicats ouvriers renoncent à bloquer les efforts des capitalistes, en cherchant à enrayer la production comme ils l'ont souvent fait en France, et en Angleterre.

Il faut que la France produise pour sa consommation d'abord et qu'elle produise ensuite des excédents pour pouvoir payer au dehors ce qu'elle doit, plus les matières premières que son sol ne fournit pas.

Les petites nations devront inévitablement se joindre à des systèmes économiques plus vastes, en conservant ce qu'elles pourront de leur organisation politique.

Il est inadmissible qu'après la guerre la France achète au dehors ce qu'elle pourrait produire chez elle. Elle devra produire d'après les règles modernes de la production, si différentes de celles auxquelles elle a obéi jusqu'à ce jour.

Pour payer ce qu'elle doit à l'étranger elle

lui vendra tout ce que la machine ne peut pas faire, tout ce qui appartient à « l'industrie du goût », où elle trouvera un champ très vaste pour l'habileté de main et le sentiment artistique de ses artisans.

Le tourisme et l'industrie hôtelière peuvent lui apporter des ressources immenses. C'est peut-être le meilleur appoint qu'auront les Français pour rétablir leurs finances.

Pour attirer les étrangers chez elle, la France ne doit pas les effrayer d'avance par la menace d'une taxation excessive. Elle ne doit pas non plus affoler ses nationaux en les menaçant de la confiscation, si elle veut que son sol reste la patrie du goût et de l'élégance. Si les Françaises ne devaient plus s'habiller avec recherche, ce n'est plus chez vous qu'on viendrait acheter des modèles.

PRODUIRE — tel doit être le mot d'ordre de tous ceux qui ont souci de l'avenir de la France.

Si l'on veut que les industries nées de la guerre, filles de la nécessité, continuent à prospérer dans la paix, il ne faut pas dégoûter les capitaux ni espérer qu'ils iront à l'industrie sans recevoir des intérêts plus élevés que ceux de la Rente ou des emprunts des Villes.

Si l'on dit aux gens disposés à fabriquer des produits chimiques : « Nous ne vous laisserons pas gagner plus de 6 % » ils préféreront acheter des fonds d'État et ne rien faire plutôt que de courir des risques sans une chance un peu raisonnable de gain.

Pour établir ses nouveaux tarifs, en concurrence avec tous les pays amis ou ennemis qui chercheront à exporter le plus possible, la France devra appeler à la rédaction de ses traités des hommes de premier ordre, et non des politiciens ignorant ces questions qui embrassent l'univers, et intéressés à plaire à une petite clientèle d'électeurs.

Si les produits français sont frappés par les autres nations de droits excessifs, les Français devront exporter *leurs industries elles-mêmes*, et aller fabriquer sur place ce qu'on ne voudra pas venir leur acheter. L'Amérique du Nord offre un champ immense à leur activité, sympathique à leur personnalité et à leur origine.

Ils serviront encore leur pays en s'expatriant.

Des centaines d'Allemands sont allés créer des industries aux Etats-Unis, ils ont été les pionniers de l'influence allemande, les propagateurs des méthodes allemandes, des goûts allemands, et loin de nuire au commerce de l'Allemagne avec l'Amérique du Nord, ils ont maintenu, tout en faisant fortune dans l'industrie américaine, des liens commerciaux avec l'Allemagne qui n'ont fait que se développer. De plus, ils ont fait connaître à leur pays d'origine tout ce qu'il y avait de bien et d'ingénieux dans l'industrie américaine.

Cette politique peut être suivie par les Français, pour le plus grand bien de leur pays et pour leur prospérité personnelle.

LETTRE XVI

Le travail intensif. — Nécessité du travail de nuit. — La machine marchera 24 heures, l'ouvrier travaillera 8, puis 6 heures. — Vous portez le charbon à dos d'homme ! — Conservez vos vertus, mais renoncez à vos routines.

Vous qui vous insurgez contre le travail abrutissant de la machine, vous êtes-vous jamais préoccupés des chauffeurs, des mécaniciens qui vous entraînent la nuit, tandis que vous dormez dans votre sleeping-car ?

Consentiriez-vous à remonter sur un bateau à voiles afin d'éviter aux soutiers leur travail dans les chaudières d'un navire, à cinq étages au-dessous du pont ?

Et le personnel des théâtres ? et celui des cercles ? et les employés de l'octroi ? et les maraîchers qui voyagent la nuit sur leurs charrettes afin que vous ayez des légumes frais à votre réveil ? et les pêcheurs ?

Vous êtes-vous jamais préoccupés de leurs heures de travail, et êtes-vous bien certains qu'ils passent la nuit au chaud dans leur lit ?

Le journal que vous recevez le matin à votre réveil n'a pas été imprimé, croyez-moi, la veille au soir.

Réfléchissez avant de condamner d'un mot le travail intensif comme il doit être organisé aujourd'hui dans vos manufactures. Songez que le petit pain que vous trempez dans votre chocolat a été fabriqué entre 2 heures et 4 heures du matin, et la voilette qui recouvre un joli visage est aussi le produit d'un travail de jour et de nuit.

On a reconnu il y a longtemps qu'il fallait faire travailler pendant 24 heures les métiers de tulle pour pouvoir en payer l'intérêt et l'amortissement, et il faut reconnaître aujourd'hui qu'il en est de même pour presque tous les autres métiers.

Les machines ne devront plus s'arrêter ; elles devront travailler 24 heures, afin d'arriver au bas prix nécessaire pour que tout le monde puisse avoir sa part du produit.

Qu'on ne dise pas que le travail de nuit est démoralisant. Ceux qui crient le plus fort sont les désœuvrés, ceux qui en profitent le plus. Les travailleurs, les vrais, accepteront de travailler huit heures à n'importe quel moment du jour ou de la nuit, si ces huit heures donnent un salaire leur permettant, après huit heures de sommeil, de vivre les huit autres heures comme des hommes.

Il n'est même pas certain qu'il sera nécessaire de travailler huit heures. Une fois trouvée la vraie machine qui fabriquera des bas ou des souliers avec une puissance décuple de celle d'aujourd'hui, on pourra et on devra ne travailler que six heures.

La nation qui n'aura pas une industrie vraiment moderne sera incapable d'habiller, de chausser et d'armer ses soldats.

Les nations qui ne seront pas à la fois agricoles et industrielles devront subir la loi des autres, car elles seront incapables de faire la guerre.

Un journal illustré anglais reproduisait il y a quelque temps cette image significative : une charrue à plusieurs socs, tirée par un tracteur automobile, travaillant la nuit à la lumière de ses phares à acétylène.

Le travail de jour et de nuit n'est pas une affaire de goût ni de choix, c'est une nécessité, comme l'a prouvé son adoption pour les munitions de guerre.

L'ouvrier mal payé et harassé de travail est un mauvais consommateur, parce qu'il n'a ni argent à dépenser ni temps pour le dépenser.

On a vécu en France pendant trop longtemps hypnotisé par les bas salaires. Les patrons comme les ouvriers peuvent faire à ce sujet leur *mea culpa* ; les ouvriers ne voulaient pas produire, et les patrons ne voulaient pas payer.

L'Etat, patron irresponsable, ayant besoin soudainement d'une énorme quantité de munitions et de marchandises, n'a pas hésité à payer, et à bouleverser lui-même les lois qu'il avait faites pour la réglementation du travail. On a travaillé la nuit, on a travaillé douze heures, on a fait travailler des femmes et des enfants parce qu'il le fallait ; et dans bien des cas on s'est aperçu que c'était l'âge d'or.

On fera difficilement croire, je l'espère, après la guerre, qu'il est préférable de gagner 3 fr. 50 en flânant pendant dix heures que de gagner dix francs en travaillant courageusement pendant huit heures. D'autre part, les chefs d'industrie, qu'ils le veuillent ou non, devront installer des machines modernes et payer leurs ouvriers un prix raisonnable ou renoncer à faire de l'industrie. L'industrie française devra *produire ou disparaître.*

Il y a des conflits en Amérique entre les employeurs et les employés, mais ces disputes ne prennent pas en général la forme aiguë et révolutionnaire qu'elles ont souvent en France. Le patron américain ne refuse pas de payer de hauts salaires ; l'ouvrier américain ne refuse pas de lancer les machines à leur vitesse maximà ; tous deux savent que c'est la production qui doit les payer l'un comme l'autre.

Le mal vient de ce que personne en France ne veut rien changer à ses habitudes. Il y aura cependant quelque chose de changé. En 1918 il y aura une quantité d'hommes en moins, il faudra pour les remplacer dans l'agriculture, l'industrie et le commerce, tout ce que la science et le progrès ont enseigné.

Jamais ces méthodes et ces nouveautés ne pourront être introduites dans votre pays autrement que par des hommes qui les auront vu fonctionner. Il est donc nécessaire d'envoyer aux Etats-Unis de jeunes hommes de toutes classes ; des ouvriers, des contremaîtres, des ingénieurs, des étudiants, même des notaires.

Quelques fonctionnaires du Ministère des téléphones pourront faire en Amérique d'utiles constatations.

Les téléphones américains prétendent que plus il y a d'abonnés, mieux marche le service, et ils le prouvent, en vous donnant presque instantanément les communications qui leur sont demandées, même à longue distance.

Dès l'introduction du machinisme, on s'aperçut qu'un homme avec une machine, pouvait produire autant que dix hommes avec leurs mains. De nos jours une seule machine moderne, conduite par un seul homme, produit autant que dix machines vieilles de douze ans conduites par un homme chacune.

Les vieilles machines auront le sort des industries manuelles. Il ne faut pas s'attendre à ce qu'après la guerre des tours automatiques d'occasion, achetés en 1914, fassent bonne figure dans les industries qu'on se propose de créer pour remplacer les industries de guerre.

Dans les tissages américains, un ouvrier mène 10 et jusqu'à 15 métiers à tisser automatiques, tandis que dans les Vosges un ouvrier mène 2 ou 3 métiers mécaniques démodés.

A cela s'ajoutent les méthodes modernes pour économiser le temps. Certaines machines nouvelles qui font le travail de 10 anciennes, sont maintenues en marche pendant 24 heures au lieu de 10, et font alors le travail de 25 machines anciennes.

Un vieil argument invoqué contre ce progrès, par les patrons aussi bien que par les ouvriers, était : « Qu'allez-vous faire des bras que vos machines vont chasser des ateliers ? »

Sans valeur avant la guerre, car le progrès abaisse les prix et excite la consommation, cet argument ne peut plus être invoqué dans un temps où au vieux cliché : « l'agriculture manque de bras » s'ajouteront tous les nouveaux : « l'industrie, la marine, le commerce, les chemins de fer manquent de bras ».

Toutes les branches de l'activité, quelles qu'elles soient, devront s'organiser pour suppléer à la rareté de la main-d'œuvre.

On ne pourra plus dire d'une charrue automotrice qu'elle enlève le pain de la bouche de l'ouvrier, alors que ce sera grâce à elle qu'on évitera la famine en France et dans le reste du monde.

Quand nous débarquons au Havre, à Bordeaux, à Rouen, à Marseille et que nous voyons encore des hommes porter des sacs de charbon sur leurs épaules, nous nous demandons véritablement si nous n'allons pas voir aussi un homme porter un cheval sur son dos. Ignorez-vous que le charbon a pour principal emploi de porter l'homme et non d'être porté par lui ?

Si Denis Papin assistait à ce spectacle, il s'arracherait les cheveux de voir de la force humaine dépensée à charrier l'objet même qui doit la remplacer.

Allez en Amérique, vous verrez la vapeur, la force électrique remplacer le travail de l'homme partout où cela est possible, et cela est possible presque partout.

La France est le plus admirable des terrains pour installer l'industrie et les machines modernes, *parce que tout y est à faire* et que l'intelligence ne manque pas, ni le capital, pour établir dans votre pays ce que la nécessité nous a imposé 20, 30 ou 40 années plus tôt.

Beaucoup de pays d'Europe, la Norvège, la Suède, la Hollande, l'Allemagne ont adopté les méthodes américaines. Pourquoi ? Parce qu'un grand nombre de leurs nationaux sont allés vivre aux Etats-Unis, et sont ensuite retournés chez eux, y apportant ce qu'ils avaient appris.

L'Angleterre a été longue à s'y mettre à cause des Trade Unions qui ont opposé à l'installation des machines modernes la plus incroyable résistance.

L'Italie ne s'y est pas mise encore parce qu'elle manque de fer, de charbon, et qu'elle jouissait d'une abondante main-d'œuvre à bon marché.

Le Japon est presque dans le même cas, parce que le prix de sa main-d'œuvre lutte encore contre les machines, mais c'est à pas de géant qu'il nous rattrape.

La France n'est pas riche en charbon et cependant elle n'a pas extrait de son sol des quantités de charbon en proportion avec les gisements qu'elle possède. Elle a dans les Alpes et dans les Pyrénées des chutes d'eau qui peuvent lui donner facilement la force qui lui manque.

Son sol est plus riche que celui de l'Allemagne et pourtant elle est loin de produire à l'hectare la quantité de blé que les Allemands font sortir de leur sol plus pauvre.

Seule la routine s'oppose à ce que la France fasse sortir de son sol les richesses dont elle a besoin pour réparer ses pertes ; la routine dans ce qu'elle a de plus appauvrissant.

Conservez vos traditions d'honnêteté, d'économie bien entendue, de famille, conservez votre art, conservez votre goût, mais abandonnez vos routines.

***

Les patrons français considèrent encore les salaires par rapport aux salaires agricoles à la journée qu'on payait il y a cinquante ans. Un homme alors en valait un autre. On disait : « On ne trouve pas d'hommes à moins de 3 fr. »

Avec le machinisme et l'automatisme, il est indifférent qu'un homme gagne 25 ou 50 francs par jour, parce que son salaire doit être mesuré par la production qu'il sait obtenir avec une machine donnée.

Les syndicats ouvriers français et anglais ont résisté à la tendance de faire marcher les machines de plus en plus vite. A ce jeu, ils ont été battus par les Américains et par les Allemands, et c'est le travail lui-même qui commençait à se dérober sous leurs pieds, parce qu'il était accaparé par des pays où le personnel ouvrier avait compris.

Un membre européen d'une délégation ouvrière à l'Exposition de Saint-Louis eut l'idée de vanter devant des ouvriers américains les bienfaits du sabotage ; il fut hué et traité d'imbécile. Les syndiqués américains touchent une part de la production, ils ont compris que plus on produira plus grande sera leur part.

LETTRE XVII

Gratuité, réductions, billets de faveur. — Autrefois la plaie des chemins de fer américains. — Remède radical. — Faites-en autant, aussi pour les théâtres. — Immoralité des faveurs remplaçant une partie du salaire.

Ceux d'entre vous qui viendront en Amérique seront surpris de ne jamais payer plus cher que les indigènes. Les transports sur les chemins de fer ou sur les bateaux, la nourriture et le logement dans les hôtels, les places dans les théâtres, sont les mêmes pour tous.

Il y a quelques années une situation étrange existait aux Etat-Unis dans les chemins de fer.

Les administrateurs (et leurs amis) avaient le transport gratuit, non seulement sur les lignes qu'ils administraient mais encore sur toutes les autres lignes, à titre de courtoisie. Comme il y a en Amérique un grand nombre de compagnies de chemins de fer et 252.000 milles de voies ferrées, plusieurs centaines, peut-être quelques milliers de privilégiés voyageaient ainsi gratuitement. Et peu à peu cette faveur fut étendue aux membres du Congrès, députés et sénateurs, et aux autres politiciens importants.

Or, il y a, outre le Sénat National, 49 Etats dans l'Union, avec leurs sénateurs et les membres de leurs Chambres des Représentants.

Les politiciens n'étaient pas seuls à être favorisés ; les membres du clergé, et nous avons beaucoup de clergés en Amérique, les membres de l'enseignement, professeurs, maîtres d'écoles et autres, les gens de cirque et de théâtre obtenaient la permission de voyager à prix réduit.

Enfin tous les employés de chemins de fer, et ils sont légion aux Etats-Unis — plus de 1 million 800 mille, partagèrent les mêmes faveurs.

On s'aperçut que les chemins de fer perdaient réellement de l'argent à transporter des voyageurs, dont un petit nombre seulement payaient leur place. Cette situation empira au point de devenir intolérable. Les compagnies ne pouvaient plus payer leurs employés, ni entretenir un matériel qui ne transportait plus que des « invités ». Tout le monde voyageait gratis. Un homme qui par suite de manque de temps ou inadvertance, n'était pas muni de ses titres à voyager gratuitement, se sentait honteux, sans relations, sans excuse, sans amis.

Les gros bonnets n'avaient même pas de carte ; ils avaient une petite médaille accrochée à leur chaîne de montre comme une breloque. Avec cela on voyageait « à l'œil » sur tous les chemins de fer, et on avait en plus le salut des contrôleurs. Le mal s'était étendu aux bagages, de là aux marchandises, et le service avait cessé d'être public pour devenir politique.

Aujourd'hui le mot seul de « billet de faveur » est considéré en Amérique comme une offense à l'esprit démocratique. On a reconnu que rien n'était plus injuste. C'étaient ceux qui ont le moins à faire, ceux qui sont le moins tenus par leur travail ou par leurs charges de famille, en somme les moins intéressants, qui en profitaient le plus. C'étaient les parasites et non pas les travailleurs qui voyageaient gratuitement.

Ce furent les *cheminots* qui se plaignirent les premiers de cette pratique. « On ne peut pourtant pas, dirent-ils, se nourrir avec des tickets de chemin de fer, même gratuits ! ! ! »

Un beau jour les Compagnies elles-mêmes insistèrent auprès du Gouvernement central pour que la commission gouvernementale des chemins de fer intervînt et prononçât une interdiction radicale.

En France vous auriez intérêt à prendre une décision de ce genre.

Les étrangers qui paient souvent le double des Français cesseraient d'être traités d'une manière injuste, et surtout vous supprimeriez un abus qui paralyse le progrès, fournit aux compagnies une excuse pour ne pas entretenir le matériel en bon état et pour refuser toute amélioration des horaires.

Il en est de même pour les théâtres. L'étranger en France a le sentiment qu'il est le seul à payer le plein prix ; alors il devient méfiant et disposé à marchander parfois mal à propos.

Dans nos théâtres en Amérique il n'y a plus de billets de faveur.

Nos théâtres, nos opéras, n'ont pas d'autre

subvention que celle des spectateurs et des abonnés. Autrefois l'Opéra en France était subventionné par le Souverain. Nous avons pensé en Amérique que les gens qui remplaçaient le souverain, c'étaient les rois des chemins de fer, du sucre, du coton, des mines, des forges ou autres industries. Ce sont eux qui entretiennent nos Opéras, ce n'est pas le Budget National qui entretient « nos grandes scènes lyriques » pour le bénéfice d'un petit nombre de privilégiés.

Il y a en France un tas de fonctions qui sont recherchées pour les avantages qu'elles procurent et non pour le salaire ni pour l'honneur qu'elles rapportent. C'est un reste de la féodalité.

Il y a des fonctionnaires qui ont le bois, le charbon, l'électricité, que sais-je encore, gratuitement. D'autres sont logés, blanchis, habillés ; tout cela n'est pas moderne. Un homme doit être payé en argent puisqu'avec de l'argent on doit pouvoir se procurer toutes les choses nécessaires à la vie.

Gratuité du logement, du chauffage, de l'éclairage, des légumes du potager, des fruits du jardin, tout cela n'est pas digne.

Un homme qui travaille pour l'Etat, pour une grande administration ou pour un particulier, doit recevoir une indemnité qui lui permette de vivre, lui et sa famille, et d'élever ses enfants sans avoir besoin de toutes ces prébendes qui ressemblent plus à des aumônes qu'à des salaires.

Ce sont des Français, et non pas des Américains qui ont écrit « que la moitié de la France travaillait pour nourrir l'autre ». Il doit y avoir du vrai dans cette boutade.

LETTRE XVIII

Votre ad-mi-nis-tra-tion. — Les industries que les Allemands ont créées en France vous servent pour la guerre. — Force pour l'Angleterre d'avoir fait rayonner les siennes dans le monde entier. — Imitez-la, chez nous surtout. — Nos trusts valent mieux qu'une féodalité industrielle stagnante. — Le Malthusianisme appliqué à l'industrie aura coûté cher à la France. — « *Delenda est*... la petite industrie. » — Les Américains sont du même tempérament que vous, bonne condition pour un travail en commun.

« Est-il désirable que les Américains viennent installer des industries en France ? »

Désirable ou non, il ne serait pas possible d'empêcher les Américains de venir en France installer des industries, s'ils le désirent.

Personnellement, je ne crois pas qu'ils le désirent. Ceux qui connaissent bien la France n'ont guère envie de prendre contact avec une administration qui met des bâtons dans les roues pour les douanes, pour les transports et pour toutes les initiatives — autorisations de construire, de circuler, d'exercer un métier quelconque.

Tout cela se règle en Amérique en quelques heures ; en France il faut des mois ou des années pour obtenir une autorisation de l'Administration. D'abord on ne sait jamais à qui s'adresser ! En province l'Administration préfectorale est irresponsable. C'est l'Administration centrale qui devrait être responsable, mais elle ne l'est pas non plus ; les Ministères se rejettent la responsabilité de l'un à l'autre.

Il a été impossible d'importer une caisse de marchandises d'Amérique sans avoir affaire au Ministère du Commerce, au Ministère des Travaux publics, au Ministère de la Guerre, parfois encore au Ministère des Affaires Etrangères. Celui qui n'a pas de relations et qui ne sait pas distribuer des pourboires, ne peut obtenir la solution du problème le plus simple et s'arrête découragé.

Cependant si des Américains entendent vaincre les difficultés et venir quand même en France, il faudra les laisser venir. On ne peut pas empêcher un Américain ou une société américaine d'installer une usine en France.

Cela peut être désagréable à quelques intérêts privés qui prétendent monopoliser l'industrie française, mais cela peut servir l'intérêt public dont le Gouvernement est, ou devrait être, le gardien.

En tout temps et dans tous les pays on a cherché à attirer des industriels étrangers qui créent des industries nouvelles.

Les Français qui veulent établir des industries aux Etats-Unis y sont bien reçus, et ils y trouvent toutes sortes de facilités. Les Américains qui voudraient venir chez vous devraient être traités de même.

Les Allemands qui, avant la guerre, faisaient de l'industrie en France, n'ont pas emporté ces industries avec eux en partant pour vous combattre. Leurs usines, leurs établissements font partie du patrimoine français, et ils vous ont servis en venant faire en France ce que les Français n'avaient pas su faire eux-mêmes.

Ce qu'on peut leur reprocher, c'est d'avoir abusé de l'hospitalité française, en servant l'espionnage allemand ; pourtant leurs industries sont restées en France et concourent actuellement à la Défense Nationale.

Le minerai de fer qu'on extrait en Normandie des mines allemandes est utilisé pour fabriquer des canons français.

Les usines de produits chimiques que les Allemands possédaient aux environs de Lyon sont utilisées pour faire des explosifs français et des teintures françaises.

Si les Américains viennent en France installer des industries, ils créeront des richesses qui contribueront à payer les impôts énormes que vous aurez après la guerre.

Ces impôts doivent sortir de la terre et des machines. Plus il y aura de machines pour traiter vos minerais, pour ouvrer vos fers, plus il sera facile de rétablir vos finances.

Il faut donc souhaiter que les Américains viennent en France, et en nombre.

Cette arrivée d'industries américaines doit être compensée par l'établissement d'industries françaises aux Etats-Unis, enrichissant et les Etats-Unis et vos compatriotes, qui resteront généralement des contribuables français.

Les établissements que les Anglais avaient fondés dans le monde entier leur ont permis de financer la guerre tout en maintenant presque au pair le change de la livre sterling. S'ils n'avaient possédé que les industries d'Angle-erre, au lieu des affaires innombrables réparties sur toute la surface du globe, ils n'auraient pu supporter les frais d'une guerre qui leur coûte cent millions par jour.

Ribot a proclamé à la tribune de la Chambre :

« Nous avons découragé les placements à l'étranger ; c'est peut-être très habile au point de vue fiscal, mais c'est déplorable au point de vue financier ».

Il aurait pu ajouter que l'on n'a pas découragé les emprunts des Etats étrangers, ce qui a été déplorable aux deux points de vue fiscal et financier. Tout l'argent que les Français ont prêté aux Russes, aux Turcs, aux Bulgares, aux Autrichiens, aux Mexicains, n'a pas servi à financer leurs propres industries, il est de plus aventuré et dans bien des cas il ne rapporte rien pour le moment.

Les gens qui s'opposent à l'installation des industries américaines en France se donnent un mal terrible pour dépeindre des intérêts particuliers comme étant d'intérêt général.

En venant s'installer chez vous, les Américains aideraient peut-être à combattre cette sorte de féodalité que la bourgeoisie française a reconstituée en organisant ces petits fiefs fermés : institutions de crédit, grandes industries, transports par terre ou maritimes, métallurgies, industries du gaz et des eaux. Tout cela constitue une suite de monopoles possédés par des gens égoïstes qui vous exploitent.

Dans ces institutions, les fonctions d'administrateurs sont en quelque sorte héréditaires :

— « Mon fils n'a que 24 ans, il est déjà administrateur des Eaux de Paris » disait un jour un de ces hommes. Parbleu ! il n'avait eu que la peine de naître.

La bourgeoisie française qui a fait la Révolution de 1789 pour abolir les privilèges de la noblesse, a reconstitué en cent ans ces mêmes privilèges, à son profit. On n'hérite plus de la Pairie, mais on continue à hériter des jetons de papa, des grasses fonctions d'administrateur avec tous les avantages qu'elles comportent.

Ce sont ces privilégiés qui ont peur de voir se constituer de grandes affaires avec des hommes nouveaux. La sécurité de leur situation leur donne la terreur des risques. Ils préfèrent vendre peu et cher. Ils sont ennemis des grands producteurs et supportent avec bienveillance l'inertie de l'administration publique en échange de la sécurité dans leur administration privée.

En Amérique le développement toujours nouveau de notre grand pays ne permet pas la main-mise de rois fainéants sur la richesse nationale. Certes, il y a aussi des abus, mais il semble qu'on a crié très fort en France contre les Trusts Américains pour détourner l'attention du public des Trusts Français qui ont tous les défauts des Trusts Américains, plus l'inertie, si peu américaine. Si nos trusts ont été parfois avides, ils n'ont jamais été stationnaires. Peut-être nos financiers, nos capitaines d'industrie et nos hommes d'affaires ont-ils pris parfois plus que leur part dans les bénéfices, mais personne ne songerait à les accuser de paresse ni d'indifférence. C'est à eux que l'Amérique est redevable de ses merveilleux chemins de fer, de son magnifique développement industriel.

C'est grâce à cette puissance industrielle

tellement liée aujourd'hui à la puissance militaire, que l'Amérique a pu venir à votre secours, vous fournir des munitions, des canons et du pain, et vous permettre de contenir l'envahisseur en attendant que nous puissions ensemble le chasser de votre sol.

Sans les grands trusts américains, et si l'Amérique du Nord n'avait été qu'un peuple de pasteurs, les Allemands seraient à Paris et peut-être à Toulouse.

Le vrai patriotisme consiste à mettre un pays en valeur et tous ceux qui vous y aideront doivent être bienvenus.

En ces jours il est criminel de savoir quelque chose et de ne pas utiliser son savoir. Il est criminel de récolter 10 hectolitres de blé à l'hectare si vous pouvez en récolter 20. Il est criminel de ne pas utiliser toute la puissance de vos chutes d'eau avec quoi vous pouvez faire du métal pour votre industrie, ou de l'engrais pour vos terres. C'est la puissance industrielle de l'Allemagne, bien plus que son armée, qui l'a rendue dangereuse sur tous les fronts. Coupables sont ceux qui dans votre pays, pour une raison ou pour une autre, mais toujours égoïste, n'ont pas poussé sa puissance industrielle à son maximum.

Les petits pays qui n'ont pas d'industrie et ne peuvent pas en avoir parce qu'ils n'ont ni charbon, ni fonte, ni chutes d'eau, devront entrer économiquement et politiquement dans des systèmes plus vastes, bien pourvus de ces produits, car on n'osera jamais attaquer un pays qui, en plus de ses soldats, possède de quoi fabriquer ses canons, ses projectiles et ses explosifs.

Si vous vous êtes trouvés en 1914 en état d'infériorité vis-à-vis de l'Allemand, c'est parce que vos industries n'ont pas suivi le mouvement et ont encaissé les bénéfices de la protection sans les appliquer, comme elles auraient dû le faire, à d'incessants progrès.

Il y a encore trop d'hommes en France qui travaillent pour gagner de l'argent et déserter aussitôt l'industrie qui les a enrichis. La guerre a dû leur apprendre qu'il aurait mieux valu avoir des usines importantes que des maisons de rapport. A ce point de vue, le moratorium des loyers aura été une salutaire leçon. Le malthusianisme appliqué à l'industrie aura coûté cher à la France.

Vous ne devrez plus après la guerre importer de gros produits tels que fonte, charbon, produits chimiques ; vos mines et vos chutes d'eau doivent vous permettre d'extraire ou de fabriquer tous ces produits chez vous.

Votre agriculture, si elle est bien dirigée, peut nourrir beaucoup plus d'habitants que n'en possède la France. Pour acheter des matières premières que votre sol ne produit pas, telles que le café, le coton, la soie, la laine et le jute, vous pourrez exporter le surplus de votre agriculture : vins et fruits que vous produisez en surabondance. Je ne parle pas ici des articles de goût pour lesquels vous restez les maîtres du monde.

La conception étatiste qui ferait dépendre les industries d'une administration indifférente et irresponsable serait la ruine définitive de l'industrie française.

En effet, le travail en grande série ne peut s'exécuter qu'appuyé :

1° par des approvisionnements considérables ;

2° par des commandes illimitées.

Ceci comporte de franches responsabilités,

des décisions rapides, une autorité absolue et enfin l'espoir de bénéfices généreusement distribués à tous les échelons : c'est la contrepartie de la thèse socialiste.

Les abus que je signale existent dans toutes les sociétés, y compris la société américaine, mais à un degré bien moindre.

Chez nous les tendances socialistes se sont aussi manifestées sans pourtant jamais se développer au point de tuer les initiatives industrielles. Tout jeune Américain qui entre dans les affaires, si pauvre soit-il, porte dans son cœur l'espoir de devenir un grand capitaine d'industrie, comme Charles Schwab ou Andrew Carnegie. Tel le soldat de Napoléon il a peut-être dans sa giberne un bâton de maréchal.

Certes notre politique n'est pas pure : elle est peut être plus encore que chez vous une politique d'intérêt, mais on ne voit pas comme en France une élite qui ne gouverne pas, et qui n'a même aucune part dans le Gouvernement.

Nos financiers, nos industriels, nos commerçants prennent une part active et réelle dans les élections. Chacun apporte au secours de son parti l'aide de son influence, de sa parole, de son argent, et ne s'en cache pas.

Quelle est donc la politique de vos grands industriels ? Quelle est celle de vos grands banquiers ? C'est la politique du statu-quo. Jamais vos grandes institutions n'ont pris part activement aux élections ; elles laissent tout faire, et tout gouvernement leur est bon, pourvu que les privilèges dont elles jouissent leur soient maintenus.

Si des Américains viennent en France, ils ne voudront y installer que de grandes affaires, dans lesquelles chacun sera payé, en cas de succès, suivant son travail et la valeur de sa collaboration. Ils seront une leçon de choses pour les ouvriers, pour les employés, pour les patrons. S'ils ne viennent pas, il est nécessaire que les Français aillent en Amérique pour se convaincre que le maintien de la petite industrie n'est qu'un rêve sentimental. Ne pas dissiper ce rêve, est une mauvaise action ; c'est entretenir de braves gens dans l'idée qu'ils peuvent sauver leur situation et leurs économies dans une forme industrielle condamnée :

c'est mener contre des mitrailleuses des soldats armés de fusils à pierre.

La petite propriété est une beauté sociale ; c'est une erreur économique. Elle devra aller rejoindre le petit commerce, la petite industrie et les petites nations. Ceux qui chercheront la liberté et l'indépendance dans la petite affaire n'y trouveront que la ruine et la servitude.

Quelqu'un chez vous avait condamné, avant la guerre, les gros canons, il a bien fallu y venir.

Avant la guerre vous auriez pu vous inspirer de l'Allemagne pour apprendre ses méthodes et ses systèmes. Après la guerre vous n'irez pas en Allemagne pour vous instruire, venez en Amérique. Ce n'est pas l'Allemagne; elle est inférieure à l'Allemagne à bien des points de vue. Elle n'avait pas de force militaire. Nos villes sont moins bien tenues que les villes allemandes ; notre industrie chimique est dans l'enfance, mais au point de vue *mécanique*, au point de vue de l'économie des hommes et de l'économie des bras, au point de vue de la simplification, au point de vue d'une administration aux attributions réduites au minimum vous aurez bien des leçons à apprendre des Américains.

Les Américains veulent se servir de machines, mais ils ne veulent pas être des machines à l'allemande. Vous trouverez chez nous une quantité d'améliorations et de progrès qui ont été développés par des hommes *de même tempérament que le vôtre*, soucieux de leur personnalité, désireux de conserver l'indépendance de leur personne et de leur vie privée. Pas plus que vous nous n'avons envie d'être germanisés. Nous reconnaissons et nous envions les qualités de labeur, d'invention, d'ordre, d'esprit scientifique de l'Allemand, mais nous haïssons le caporalisme.

Heureux de votre vie, satisfaits, vous vous êtes endormis dans un doux bien-être sans vous apercevoir que le monde avait marché. Vos qualités restent les mêmes, votre individualisme excessif a fléchi devant la nécessité. Vous avez montré dans la guerre que vous étiez capables de vous associer vers un seul but, l'expulsion de l'envahisseur. La leçon de la guerre, c'est que le courage ne suffit pas pour conserver son indépendance, il est nécessaire d'y ajouter le développement intensif des ressources nationales, sans quoi un autre plus fort et mieux organisé viendra *chez vous* organiser et prendre ce que vous aurez négligé.

Les Français qui sont sortis de France se sont portés de préférence vers des pays arriérés comme l'Egypte, la Chine, le Maroc, l'Espagne, ou bien vers des pays neufs où l'industrie était à peine naissante, comme l'Amérique Centrale, l'Amérique du Sud.

Ceux qui ont visité ou créé des établissements dans ces pays n'ont pas eu la claire notion de l'engourdissement de la France, engourdissement relatif s'entend, et seulement en comparaison avec les progrès réalisés en Allemagne, en Amérique, en Suède et en Norvège.

Un grand filateur de laine français auquel on proposait un jour d'aller établir des usines aux Etats-Unis répondit : « Les Américains sont trop forts, je préfère la Pologne, parce que là, c'est comme dans le royaume des aveugles, les borgnes y sont rois. »

C'est toujours la même idée : essayer de réussir dans des pays retardataires. On peut y atteindre la réussite, c'est vrai, mais on n'y apprend rien. Ceux d'entre vous, mieux avisés, qui sont venus installer des industries aux Etats-Unis, ont trouvé généralement la réussite, et de plus vous ont appris notre manière d'économiser les heures et les bras. Ils ont rapporté en France d'utiles enseignements.

Avant la guerre vous achetiez des locomotives en Allemagne ; tout le monde peut les voir circuler sur vos voies ; vous en achetiez aussi chez nous. N'eut-il pas mieux valu les fabriquer en France, dussent-elles même l'être par des Américains ?

Un exemple : En 1814, la fabrication de l'acier fondu était inconnue de la France, qui était tributaire de l'Angleterre pour ce produit. Le Gouvernement français fut amené à faire des avances à un Anglais du nom de James Jackson qui fabriquait de l'acier à Birmingham. Ce Jackson devint le fondateur de ce que sont aujourd'hui les Aciéries de la Marine à Saint-Etienne.

Cet Anglais a fondé en France une immense industrie et a laissé dans votre pays de nombreux descendants que l'on peut compter aujourd'hui parmi vos meilleurs citoyens.

Si des Américains venaient faire en France ce que Jackson y fit il y a un siècle, ils ne feraient pas tort à votre pays, avec leur courage, leurs connaissances et leurs méthodes. Leur succès sera le pendant de celui des Français qui iront en Amérique porter vos industries partout où elles peuvent et doivent l'être.

S'il vient des métallurgistes américains en France, il sera par contre aisé pour le Creusot, ou pour d'autres, d'aller porter aux Etats-Unis la fabrication des aciers fins que vous faites mieux que personne.

Le Creusot avait, je crois, des succursales en Russie, il aurait été aussi bien inspiré d'en établir dans l'Amérique du Nord. Quelles que soient les exigences des ouvriers Américains, elles n'atteignent pas les exigences actuelles des ouvriers russes.

Dans vos journaux, dans vos revues de tourisme, vous incitez vos compatriotes à se préparer à recevoir des centaines de mille de touristes américains. Vous avez raison, ils vont certainement venir, mais il ne faut pas crier au feu, si l'on vous dit que quelques Américains viendront ici pour y faire de la métallurgie ou des automobiles.

Vous ne voulez cependant pas voir venir en France des Américains uniquement pour les traire !

LETTRE XIX

Le notaire public américain : rapidité, simplicité, efficacité. — Absurdité de la cérémonie de la légalisation des signatures en France. — Le notaire en France.

Une institution que nous voudrions bien voir installée en France est celle de nos notaires publics. Le notaire public américain est un personnage investi du droit de faire prêter serment, de vérifier des signatures, d'authentiquer des actes.

Dans tous les immeubles d'affaires américains et même dans toutes les maisons un peu importantes, il y en a un. On le reconnaît à un petit carton posé sur son bureau, sur lequel est écrit « Notary Public », et qui équivaut aux panonceaux de vos tabellions. Lorsque nous devons certifier une signature, nous n'avons pas besoin de nous rendre dans une mairie ou dans un bureau de police crasseux où l'on exige que nous nous présentions avec deux témoins patentés. Tous les Français connaissent la cérémonie. On va chercher le

6

charbonnier et le marchand de vins du coin, ou le commissionnaire qui ajoute cette fonction à celles de cirer les bottes et de porter les paquets. Alors, moyennant vingt sous chacun, ces deux citoyens qui ne vous ont jamais vus, déclarent qu'ils vous connaissent parfaitement. Le Commissaire de Police, satisfait, applique un cachet et un paraphe illisible au-dessous de la signature qu'il s'agit de certifier. L'opération est terminée, à moins que dans un élan de générosité le patient ne juge à propos d'offrir un verre à ses nouveaux amis.

Si l'on veut installer en France *la machine à économiser du temps,* on pourrait y introduire l'institution admirable du notaire public américain.

Avec lui, point de temps perdu. De sa table le banquier, le commerçant américain qui veut faire certifier sa signature pour un transfert, une déclaration à la douane, un acte quelconque, appelle celui de ses employés qui est notaire public et le prie de faire l'opération.

Celui-ci, qui connaît la signature de son patron, appose son cachet et sa signature à côté de celle du chef. Et s'il s'agit d'authentiquer la signature d'un visiteur qu'il ne connaît pas, il le prie de se lever, d'étendre la main et de jurer qu'il est bien M. X.

L'opération chez nous a duré trois minutes ; en France, une heure. Elle a dérangé deux personnes, le signataire et le notaire ; en France elle a pris le temps du signataire, du commissaire de police et de deux commerçants qui ont négligé leurs affaires pour venir accomplir une formalité ridicule, inefficace et immorale puisqu'ils ne connaissent pas la personne dont ils répondent.

Les notaires français sont fort honorables sans doute, mais pas plus que les Chefs de gare, les plombiers, les couvreurs ! Alors pourquoi jouissent-ils d'une considération spéciale ? Ce n'est pas eux qui relèveront la France. Ils ne créent rien, ne développent aucune richesse, et leur emploi dépend entièrement du travail des autres.

On peut imaginer un pays sans notaires monopolaires, on ne peut imaginer un pays prospère sans agriculteurs, sans maçons, sans mineurs, sans tisseurs, sans transporteurs.

Votre Révolution s'est arrêtée en chemin. Vous avez supprimé la Noblesse et les Privilèges, et puis vous avez créé à nouveau une nouvelle Noblesse et de nouveaux Privilèges.

Je connais des gens en France qui sont devenus comtes depuis 1870.

Quand une Américaine a envie de devenir princesse ou comtesse, c'est chez nous un scandale, mais au moins elle quitte l'Amérique pays démocratique.

Chez vous, dans votre république, on devient comte sur place.

Par quel miracle cela se fait-il, je l'ignore, mais c'est un fait, je l'ai constaté bien des fois.

Quant aux charges vénales de notaires, d'avoués, d'huissiers, de commissaires priseurs, agents de change, c'est un vestige de l'ancien régime.

Ce sont des poids morts que le pays doit traîner et qui alourdissent l'effort productif des travailleurs. On peut s'en passer, au moins en tant que monopoles, la preuve c'est qu'on s'en passe chez nous et qu'on ne s'en porte pas plus mal.

Certes, nous avons des hommes de loi,

des lawyers, mais ils ne jouissent d'aucun monopole, ni d'aucune considération attachée à la profession. S'ils sont intelligents et capables, ils sont recherchés et courus. Chez vous, ils sont imposés au public même s'ils sont idiots. Cela arrive et est fâcheux.

LETTRE XX

Nécessité des grandes affaires. — Mécanisme de direction d'une entreprise moderne ; les lieutenants spécialistes, les travaux auxiliaires annexés. — Pourquoi garder « le secret » de vos affaires ? — Les grands chefs d'industrie dénicheurs d'hommes. — On demande des cerveaux français.

Je vous ai déjà dit que le Français prudent et traditionnel devra, en bien des cas, abandonner son rêve de conduire à lui seul une affaire petite ou moyenne.

Une seule visite dans une usine moderne appuiera ce conseil. La nécessité de fabriquer en grandes séries et à bon marché oblige l'industriel d'aujourd'hui à s'entourer d'hommes capables d'étudier tous les problèmes qui se présentent : achat, examen de toutes les matières premières employées, entretien d'une organisation de vente à la hauteur de l'organisation industrielle, concentration du service financier d'une telle affaire entre les mains d'un ou de plusieurs spécialistes, qui manieront des capitaux considérables.

De pareilles organisations ne sont plus du ressort d'un seul homme. L'idéal de tant de vos compatriotes de gouverner leurs affaires comme le faisaient leurs grands-pères est une utopie, qui doit aller rejoindre dans le musée des souvenirs les métiers de bois et le rouet de nos aïeules.

Ce n'est pas sans surprise que nous voyons quelle place tient dans vos préoccupations la conservation du *secret de vos affaires.* A quoi vous sert-il ? A cacher votre bénéfice à vos ouvriers ou à vos enfants ? Cela ne les empêchera pas de s'imaginer que vous gagnez beaucoup d'argent, peut-être beaucoup plus qu'en réalité.

A ne point faire connaître à vos concurrents ou à vos bailleurs de fonds que votre situation est moins bonne qu'on ne croit ? En ce cas, cette action est peu honnête.

Une société par actions, dont la situation est connue obtiendra toujours plus de crédit qu'une société à nom collectif dont la situation est secrète.

Chez nous, toutes les affaires sont en sociétés par actions, même celles où il n'y a que deux associés : le père et le fils. Le commerçant et l'industriel n'obtiennent de crédit, en argent ou en marchandise, qu'à condition de présenter leur bilan dûment signé par un des administrateurs responsables de la Compagnie, le Trésorier, le Président ou les deux. Si dans la suite un pareil bilan est reconnu faux, les signataires deviennent personnellement responsables. Ils peuvent être poursuivis comme criminels, pour fraude en écriture : aussi les bilans communiqués sont généralement exacts et le crédit est obtenu d'une façon bien plus large qu'en France. Personne ne prétend conserver dans le secret des choses et des chiffres qu'il est avantageux pour les honnêtes gens de rendre publics.

Un de mes amis, industriel de Tourcoing, et non des moindres, alors que je l'encourageais à développer ses affaires, me fit cette réponse caractéristique : « Mon verre est petit, mais je bois dans mon verre. » Il voulait dire par là qu'il préférait gouverner seul, ou avec des membres de sa famille, une affaire moyenne plutôt que d'être le chef, avec de nombreux associés, d'une affaire très importante.

Un Yankee présent, pour qui cette réponse comportait une critique de sa propre condition, à la tête d'une industrie beaucoup plus importante, mais avec de nombreux associés, lui répondit : « Moi aussi je bois dans mon verre mais je ne bois pas seul. Nous sommes nombreux autour de la table. Ce n'est pas le verre que nous avons en commun, c'est la bouteille, ou plutôt la barrique ! » (car il s'agissait d'une affaire très considérable).

Les fortes sociétés peuvent seules acheter leurs matières premières en grande quantité et à la source, entretenir des spécialistes pour l'achat et la fabrication de toutes choses. Le temps est passé où le fabricant d'étoffes pouvait encore faire faire au dehors, par vingt spécialistes vingt opérations qu'il peut avantageusement aujourd'hui faire lui-même.

Un fabricant de soieries moderne, par exemple, doit faire lui-même son moulinage, il doit fabriquer ses peignes, il teint, il apprête, il imprime ses étoffes. J'ai connu en Amérique une usine de ce genre, qui possédait une imprimerie où trois presses modernes imprimaient jour et nuit des étiquettes et toutes sortes de papeterie. Elle avait un bureau d'architecture, une ligne télégraphique directe avec ses bureaux de New-York, des laboratoires d'étude et des ateliers d'essais, dans lesquels on analysait, expérimentait toutes les inventions et toutes les nouveautés susceptibles de faire avancer l'industrie.

Une affaire colossale peut seule soutenir une organisation pareille, qui n'est pas de luxe, mais qui est moderne. Les chefs de cette Compagnie ont plus de temps à eux que n'en a jamais eu le propriétaire d'une petite affaire, qui veut tout voir, tout connaître, tout faire et conserver le secret de ses affaires. Une pareille ambition condamne à rester attaché en esclave au magasin ou à l'usine, qu'on s'interdira de développer au delà des forces d'un seul homme.

Que les Français aillent en Amérique et mettent leur bonne volonté au service de pareilles organisations : ils seront bien reçus et bien rétribués. L'Amérique est le pays où l'homme laborieux a le plus de « chances ». Par contre, à un homme à prétentions et sans talent, on citera ce vieux dicton américain : « Je voudrais vous acheter à mon prix et vous revendre au vôtre », et il sera partout éconduit.

Si vous avez du talent, il sera reconnu *même si vous l'ignorez vous-même*, car tous les grands Américains sont des stimulateurs, des créateurs et des conducteurs d'hommes. Ces hommes ils les cherchent toujours et partout. Les carrières de Schwab, de Frick, de Carnegie et des vingt associés de Pierpont Morgan sont là pour prouver que de toutes les marchandises les hommes de valeur sont la plus rare.

Parmi les grands industriels qui ont surgi dans les cinquante dernières années, une infime minorité est née comme nous disons « avec une cuiller d'argent dans la bouche ». Et ceux qui sont venus de l'étranger et qui ont fait fortune ici ont fait leur premier voyage dans l'entrepont et non en première classe.

« Ce ne sont pas les hommes à dix mille dollars ni à vingt mille dollars qui sont rares, ce sont les hommes à cent mille dollars de traitement, et ce sont eux que nous cherchons » disait un banquier américain. « Un homme semblable est venu de France et il a trouvé sa place dans la finance Américaine, mais il y en a d'autres, beaucoup d'autres chez vous. »

Qu'ils viennent ! Ce ne sont pas les places qui manquent mais les hommes pour les prendre.

Je ne conseille pas ici à des Français de venir en Amérique pour y monter de toutes pièces une grande affaire, sans expérience du milieu. Je m'adresse aux jeunes gens qui ont de l'ambition, des connaissances et le sentiment que leur plus grand avenir n'est pas en France. A ceux-là je dis : « Venez en Amérique, travaillez n'importe où et chez n'importe qui, votre valeur, si vous en avez une, triomphera ! »

LETTRE XXI

Henry Ford

Sa valeur morale, sa méthode, ses résultats.

Henry Ford est né, il y a une cinquantaine d'années, dans un petit village du Michigan ; il est l'inventeur et le fabricant de la voiture qui porte son nom. Il a réalisé une fortune immense. Ses moyens d'action sont assez originaux pour être décrits.

Il paye ses ouvriers plus cher qu'aucun de ses concurrents et il les fait travailler un nombre d'heures moindre que dans aucune autre industrie. Il vend ses produits moins cher que n'importe quel autre fabricant d'autos, et, ce qui peut paraître paradoxal, il gagne chaque année une cinquantaine de millions de dollars, peut-être davantage.

Les concessions qu'il a faites à ses ouvriers ne lui ont pas été arrachées par la violence mais ont été accordées par lui avant même que la demande se soit produite.

Dans ma vie j'ai assisté à bien des grèves et à bien des conflits entre patrons et ouvriers, mais jamais il ne m'a été donné de voir le spectacle que j'ai contemplé à Detroit, au printemps de 1914 : dix mille hommes assiégeant les portes de l'usine Ford, pour obtenir d'y être employés. On dut avoir recours aux pompes d'incendie pour les disperser.

Ce n'était pas la scène ordinaire d'ouvriers assiégeant une usine pour empêcher de travailler leurs camarades, ou maltraitant ceux qui persistaient à travailler aux conditions du patron. C'était la ruée des travailleurs vers l'usine dont le chef déclarait que personne désormais ne travaillerait plus chez lui à moins de cinq dollars par jour et qui, de plus, annonçait à ses ouvriers que la journée de travail, qui était fixée à dix heures, ne serait plus que de huit heures.

Dans la suite, Henry Ford annonça que le prix de ses voitures serait diminué de 100 dollars. Plus tard il fit savoir que s'il arrivait à fabriquer un chiffre de voitures, je crois 650.000 dans l'année, il ristournerait à chacun des acheteurs qui avaient fait l'acquisition du modèle de l'année, un certain bonus, et il tint parole.

Dans ses usines la division du travail est poussée à la limite. On économise le temps, on fait travailler les machines au maximum. C'est après avoir réduit ses frais généraux à un chiffre infime par voiture qu'Henry Ford a pu réaliser le problème fantastique de payer cher, de vendre bon marché et de devenir riche.

Pour être pacifiste, Ford n'est pas un imbécile, comme on l'a écrit, ni un lâche, ni un rebelle. Un homme dans une situation comme la sienne est entouré et assailli de propositions de toutes sortes.

On est venu dire à Ford que le prestige de son nom, appuyé par son immense fortune, pouvait amener la fin de la guerre. Ford, réellement bon, nullement avide de richesses, n'a pas cru devoir refuser son concours à une cause qu'il savait humaine et qu'il croyait réalisable.

Lorsqu'il s'est aperçu qu'on l'avait trompé et qu'il était entouré de farceurs, de rêveurs ou d'ambitieux, il a pris le premier bateau pour l'Amérique et il est revenu, silencieux, indifférent aux insultes, travailler dans ses usines de Detroit.

Lorsque le Président des Etats-Unis proclama que l'Amérique était en guerre, Henry Ford mit à la disposition du pays sa fortune, ses usines et sa personne.

Il faut donc oublier la campagne pacifiste de cet homme de bien, de ce grand citoyen, parce que ses buts ont été méconnus, et parce que sa personnalité est inconnue en Europe.

On a accusé Ford d'avoir fait cette campagne pour faire de la réclame pour ses voitures. Pour qui connaît le personnage, c'est une accusation ridicule.

On a dit aussi que le travail intense auquel Ford condamne ses ouvriers, (regarder les mouvements invariables d'une machine unique pendant huit heures de suite) devait les abrutir et que les 5 dollars par jour n'était pas trop pour travailler dans cet enfer. Absurde.

D'ailleurs dans les usines Ford on ne travaillera bientôt plus que six heures, avec un salaire minimum d'un dollar par heure, soit 6 dollars, ou 35 francs par jour pour six heures de travail.

Les voitures de Ford se vendent aux Etats-Unis 320 dollars, soit environ 1.800 francs pièce, avec leurs pneus et leur carrosserie. Ses concurrents déclarent, bien entendu, que c'est de la camelote. Cependant ceux qui en ont acheté en rachètent de nouvelles; réponse suffisante.

L'exemple de Ford n'est pas à suivre dans toutes les occasions ni dans toutes les industries. C'est, comme disent les avocats, une question d'espèce. Partout, pourtant, où un pareil système peut être introduit, il est dangereux de le mépriser et de continuer à faire à bras d'hommes ce qui peut être fait à bras d'acier. Autrement, un concurrent plus éveillé introduira le modernisme dans ses usines, et prendra votre place sur les marchés en vendant une marchandise tout aussi bonne et meilleur marché que la vôtre, exécutée par des ouvriers satisfaits.

Les Français ont accusé les Allemands de les avoir évincés de la plupart des marchés étrangers : Levant, Amérique du Sud, où ils étaient installés avant eux. Vos consuls vous ont avertis, ils vous ont dit, pour vous faire plaisir, que l'article allemand était inférieur mais que cependant « la clientèle s'en contentait ». On a abusé du mot facile « camelote allemande ». Les lorgnettes, les appareils photographiques, les instruments de géologie et les produits chimiques pour teintures, vendus par les Allemands, n'étaient pas toujours de la camelote. La vérité c'est que les Allemands, comme aussi, souvent, les Américains, ont organisé la fabrication de ces objets et de ces appareils sur une échelle énorme qui leur permettait de les vendre meilleur marché, et d'envahir les marchés d'exportation, et même votre marché national.

Avant que les usines de Detroit n'aient été visitées par de nombreux Français et que les résultats obtenus par Henry Ford ne puissent plus être niés, je les ai décrits aux fabricants français d'automobiles.

— « Mais, Monsieur, me dit l'un d'eux, songez donc que nous fabriquons trois cents voitures par an, c'est-à-dire une par jour, c'est énorme ! »

— « C'est moins qu'Henry Ford, lui répondis-je, qui en fait sortir 1.000 ». (C'était à ce moment son chiffre de production, qui depuis est passé à 3.000 voitures par jour).

— « On n'est pas obligé de vous croire » me répondit votre compatriote.

— « Certes, non, lui répondis-je, mais cela « payerait » d'aller voir ! » — Et on monte en France plusieurs fabriques d'automobiles d'après les méthodes de Henry Ford, qui ne sont après tout que les méthodes modernes.

Il est facile de visiter les usines de Detroit. Les Français munis d'une introduction quelconque y sont invités. Ford ne fait aucun mystère de son organisation, de son chiffre d'affaires. Chaque année les journaux les publient et les commentent.

Cet archi-millionnaire n'a qu'un but et qu'un rêve, faire servir ses inventions au plus grand bonheur des hommes, augmenter le rendement de la terre et diminuer le travail des cultivateurs. Il veut appliquer la force de ses moteurs à la charrue, à la herse, à la moissonneuse.

Le nombre des Américains qui dépensent leurs fortunes en « parvenus » pitoyables est plus restreint qu'on ne le croit.

LETTRE XXII

Le machinisme. — *To be or not to be.* — Travail à domicile et en usine. — L'industriel français n'aime pas assez son métier. — Fusée d'obus à 2 fr. 75 et à 0,20. — La France, bon terrain parce que tout y est à faire. — La hausse générale des prix.

La tendance des Français à gérer eux mêmes leur petite affaire, leur amour de la tradition, leur goût marqué pour l'accomplissement d'une tâche entière (telle que la confection complète d'une chaussure par un cordonnier, la construction par un charron d'une charrette entière) ont été les principaux obstacles à l'introduction en France du machinisme, qui n'a été adopté que parcimonieusement et à regret.

Quelque intéressants que puissent être l'échoppe de l'artisan, ou le petit moulin ombragé de saules au bord de la rivière, et quelque regret qu'on puisse éprouver à voir disparaître le travail manuel, il faut regarder les faits en face. Ce n'est plus aujourd'hui une question de savoir si l'on préfère le vieux système ou le moderne : c'est une question d'« être ou de ne pas être ».

Le peuple qui s'obstinera à vouloir coudre ses bottines à la main marchera nu-pieds.

La diligence aussi était plus poétique que le chemin de fer ; elle a lutté tant qu'elle a pu avant de disparaître, et cependant elle a dû faire place au rail. Ceux mêmes d'entre nous qui regrettent la disparition de la vie patriarcale dans certains pays, n'auraient pu arriver à ces pays et les connaître s'ils ne s'étaient servis du chemin de fer.

On a prétendu que le travail en usine était démoralisateur. Ceux qui l'ont dit connaissent-ils bien les conditions dans lesquelles s'opère le travail à domicile, cher à certains philantrophes ?

Il me paraît plus agréable de travailler huit heures dans une usine et de gagner 15 francs, et même plus, que de gagner vingt sous en travaillant douze heures sur une machine à coudre dans une mansarde.

On a beaucoup discuté sur la question de l'ouvrière à domicile, mais on n'a pas fait grand'chose pour modifier sa situation misérable. On a déclaré que l'organisation actuelle du travail à domicile était une abomination, et puis probablement les mêmes bonnes âmes, dans la parlote qui a suivi, ont condamné le travail dans les usines comme abrutissant et démoralisant ; il faut cependant bien travailler quelque part ?

Le travail à domicile se maintient uniquement par suite de la pusillanimité de patrons qui aiment mieux acheter des maisons de rapport que du matériel.

Cet esprit se rencontre beaucoup plus en France qu'en Amérique. Il semblerait que chez vous les industriels n'aient plus confiance dans leurs propres affaires ; ils les dépeignent devant leurs enfants comme improductives et pleines de risques. Ils appliquent à leur métier cette parole célèbre : « magnifique, à condition d'en sortir ».

J'ai vu rarement en France des industriels ayant réellement l'amour-propre professionnel. Sitôt d'âge mûr, ils semblent dégoûtés de leur métier, même s'il leur a donné de grandes satisfactions. Rien d'étonnant à ce que leurs enfants ne montrent pas de goût à exercer ce métier dont ils ont entendu pis que pendre à la maison.

Il y a encore chez vous de vieux préjugés qui

prétendent qu'une industrie est plus reluisante qu'une autre. Il existe bien en Amérique tendance à exercer les professions qui rapportent le plus en donnant le moins de mal, mais personne ne songerait à placer un journaliste, un architecte, un avocat au-dessus d'un fabricant de chemises dans la hiérarchie des professions.

J'ai entendu parler de gens qui voulaient organiser quelque part en France une distribution de la force motrice à domicile : « dans le but de maintenir un travail moralisateur et de lutter contre la dépravation de l'usine ». De pareils motifs invoqués pour maintenir un travail archaïque dissimulent mal l'égoïsme de soi-disant philanthropes qui veulent tout simplement continuer une vieille tradition aussi ancienne que peu respectable : faire supporter par l'ouvrier les frais d'achat et d'amortissement du matériel.

Personne ne se laisse prendre aujourd'hui à de pareilles histoires. On a dénigré ce qu'on n'avait pas le courage de faire. Le temps est passé où on pouvait être un grand industriel *sans matériel industriel*. Il faut en prendre son parti. Il faut que les ouvriers comme les patrons acceptent de faire travailler des machines avec intensité.

Ceux des ouvriers que le progrès du machinisme mettra à pied pourront être employés sur d'autres machines ou sur des machines semblables, car la machine moderne abaisse tellement le prix des articles qu'une demande nouvelle apparaît aussitôt.

La façon d'une fusée d'obus qui était comptée par vos arsenaux 2 fr. 75 pièce avant la guerre, est comptée aujourd'hui 0 fr. 20, et ceux qui acceptent d'en faire aujourd'hui à 0 fr. 20 font fortune alors que le même travail payé 2 fr. 75 il y a trois ans n'enrichissait peut-être personne.

Allez-vous après la guerre continuer à faire des fusées d'obus à 2 fr. 75 ou à 0 fr. 20 ? Tout est là.

Ce qui est vrai pour la fusée d'obus est vrai pour les bicyclettes, les automobiles, les poêles, les couteaux de table, les serrures, les vêtements, etc.

La France est le pays qui offre le champ le plus vaste au développement des méthodes modernes, *parce que tout est à faire.* Aujourd'hui encore, sauf pour ce qui concerne la guerre, presque toutes les fabrications sont organisées sur un plan suranné. Les patrons ne voulaient pas changer leur matériel, et les ouvriers ne voulaient pas changer leurs habitudes.

Un grand argument fortement ancré dans l'esprit des ouvriers et vigoureusement défendu par les syndicats, aussi bien en France qu'en Angleterre, était que l'introduction de machines nouvelles signifiait la mise à pied d'un certain nombre d'ouvriers.

Les chemins de fer ont-ils diminué le nombre des employés des transports ? Y a-t-il moins d'ouvriers aujourd'hui occupés dans les filatures et les tissages depuis que ces industries emploient la mécanique la plus compliquée et fournissent le travail le plus rapide ?

Si l'ouvrier devait travailler le même nombre d'heures qu'autrefois, donner plus d'attention au travail et ne recevoir que le même salaire, il aurait raison de voir d'un mauvais œil l'introduction du machinisme. Mais il n'en est pas ainsi. En Amérique la production a augmenté, les salaires aussi, et le nombre d'heures de travail diminue.

La hausse générale des prix.

La hausse des prix peut enrichir des particuliers qui détiennent des biens ou des marchandises dont le prix s'élève tandis qu'ils les détiennent ; mais on ne peut pas dire que cela enrichit la nation, parce que plus les marchandises seront rares, plus elles seront chères. On arriverait ainsi à ce paradoxe : qu'en temps de famine le pays s'enrichit. La vraie richesse, c'est l'*abondance*, et ce sont les *bas prix*. Le salaire de l'ouvrier a une valeur quand celui-ci peut acheter avec ce salaire ce dont il a besoin ; c'est la misère lorsqu'il est obligé de le dépenser en entier simplement pour ne pas mourir de faim.

Je crois à la production, je crois à la surproduction. Pour que cette surproduction ne devienne pas une ruine pour les industriels il faut que les industriels s'entendent entre eux pour produire abondamment, mais non aveuglément. Avec la surproduction régularisée vous créerez d'abord l'abondance, et c'est cela la richesse, et cela seul est la richesse, et vous créerez ensuite des excédents à exporter.

Si vous voulez faire le bonheur de l'ouvrier il faut lui apprendre à surproduire. Il aura chance alors d'obtenir pour lui-même et pour les siens une partie des objets qu'il crée. Autrement non, quel que soit son salaire.

LETTRE XXIII

Résistance française aux machines américaines. — « La mariée est « trop belle ». — La guerre a heureusement changé cela. — La machine américaine supporte les Alliés.

Les Américains ne font rien pour cacher leurs secrets : dans aucun pays on n'a plus facilement accès dans les usines qu'aux Etats-Unis. L'Amérique n'a jamais fait des lois, comme on en fit en Angleterre, pour défendre l'exportation des machines. L'Américain exporte lui-même ses machines ; il les vend à ses concurrents étrangers, il les loue, il envoie des agents compétents pour enseigner la manière de s'en servir.

On rencontre parfois en France des résistances singulières : il y a quelques années un fabricant de l'Isère avait pris en location d'une maison américaine des machines spéciales pour la fabrication des chaussures. Le prix de location était proportionnel au travail fait par les machines, dont un compteur ingénieux indiquait le nombre de points.

Au bout d'un an, l'agent américain en tournée annonça à son client qu'il allait changer ses machines et les remplacer par d'autres plus puissantes, plus rapides et plus avantageuses. Mais il y eut lutte entre l'Américain, qui voulait apporter des machines perfectionnées, et le Français, qui entendait s'en tenir aux machines *qu'il connaissait*. L'Américain tint bon et votre compatriote dut recevoir des machines perfectionnées.

Voilà la leçon : si les machines n'avaient pas été louées, elles auraient continué à travailler pendant des années, tant qu'elles auraient pu tenir, tandis que leur propriétaire battu par des concurrents français ou étrangers aurait imputé aux circonstances, à la concurrence déloyale, ou à toute autre raison, les causes de l'insuccès qui étaient en lui-même.

Avant la guerre, vos fabricants achetaient nos machines, mais ce n'est que depuis la guerre qu'ils en achètent en grande quantité, et qu'ajoutant aux machines la vraie manière de s'en servir, ils en ont tiré tout le parti possible.

Vos ateliers nationaux, ceux des particu-

liers, vos industries de l'automobile, des armes, des chemins de fer, des chaussures, des vêtements, des munitions, sont actionnées par des machines américaines.

Si les Alliés combattent et soutiennent la lutte, c'est grâce à notre tour automatique et à nos presses. Si leurs armées et leurs populations mangent à leur faim, c'est grâce à nos charrues et à nos moissonneuses répandues dans le monde entier. Privés de ces machines, les champs de l'Entente seraient à moitié incultes. Loin de pouvoir expédier le surplus de leurs récoltes, le Canada, l'Amérique du Nord, l'Australie et l'Argentine se débattraient eux-mêmes contre la famine s'ils devaient cultiver leurs champs avec la charrue ancestrale et couper de maigres récoltes avec la faucille, encore en usage en Bretagne.

Les chefs d'industrie français objecteront que leurs ouvriers ou les syndicats auxquels ils appartiennent, font preuve d'une grande méfiance à l'égard des machines nouvelles. Cela est vrai, pourquoi ?

Parce que la plupart du temps on n'a pas pris la peine de les éduquer. On n'a pas eu soin de leur montrer précisément que l'introduction de ces nouveaux engins, loin d'augmenter leur labeur sans améliorer leur salaire, permettrait au contraire de diminuer le travail et de grossir la paie.

Le calcul des façons appliquées aux nouveaux outils a été fait la plupart du temps de manière que l'ouvrier n'ait aucune part dans l'économie réalisée. Aussi se méfie-t-il avec juste raison, chaque fois qu'on lui parle d'aller travailler devant une nouvelle machine.

Pourquoi en serait-il autrement ? Il sait qu'il peinera davantage tant que le nouvel outil ne sera pas complètement mis au point. Il n'ignore pas non plus, qu'il ressentira plus de fatigue à faire des gestes nouveaux auxquels il n'est point accoutumé. Alors si on n'a pas soin de lui faire savoir qu'il aura sa part de l'excédent de production réalisée, ou encore qu'à un travail plus intensif correspondra une durée moins longue de son labeur, cet homme se cabre, ne fait aucun effort pour se plier au mouvement nouveau que la machine réclame, ou bien encore, il s'entend avec ses camarades pour réclamer au profit de la main-d'œuvre la totalité du profit. Il assure ainsi le triomphe des tardigrades et des oracles fâcheux du patronat ; dans cette défaite, ils se taillent un facile triomphe en s'exclamant : « Je vous l'avais bien dit ».

C'est ainsi que chez vous des hommes qui auraient mieux fait de mourir jeunes ont découragé les efforts les plus qualifiés et les initiatives les plus heureuses.

Il faut profiter de la leçon de la guerre. Les ouvriers ne sont pas responsables ; s'ils sont ignorants, ce n'est pas leur faute : c'est parce que vous ne leur avez rien appris. Le moment est venu de commencer, de continuer et de parfaire leur éducation.

L'ouvrier français est intelligent, il sait comprendre, mais faut-il au moins qu'on lui montre et qu'on lui explique.

LETTRE XXIV

La concurrence est la mort de l'industrie. — Les ententes, force de l'Allemagne, — Elles sont gênées en France par l'individualisme. — L'Angleterre renoncera au libre-échange. — Un moyen de plier l'Allemagne : que le bloc des Alliés refuse de lui rien vendre.

Français et Américains, nous avons assez longtemps respecté ce vieux dicton « la concurrence est l'âme du commerce ».

Que la concurrence soit l'âme du commerce, on n'en est pas bien sûr, mais il est certain que la concurrence est la mort de l'industrie et que c'est dans l'*entente* que l'industrie doit chercher à vivre.

Dans cet ordre d'idées les Allemands sont nos maîtres. Si les ententes n'ont pu se faire en France, c'est à cause de votre individualisme. Si elles n'ont pu se réaliser en Amérique, cela est dû à notre tempérament analogue au vôtre, à notre législation (1) qui ne permet pas

(1) En France également, l'article 419 du Code pénal s'oppose à la création de cartels industriels.

les ententes lorsqu'elles détruisent la concurrence.

Cette législation s'appuie sur la loi Sherman, qui dit simplement que : « toute association ou tout contrat qui tend à détruire la concurrence, est illégal, et expose ses auteurs à des peines sévères qui vont de l'amende à la prison ». Il n'est pas certain que la loi Sherman ait exercé une influence bienfaisante à l'intérieur des Etats-Unis, mais il est sûr qu'elle a été néfaste pour l'exportation.

Les Allemands ont développé leurs exportations sur toute la surface du globe grâce à leurs cartels et à leurs associations soutenus et provoqués par leur Gouvernement.

Les Anglais imbus du libre-échange, les Français individualistes et les Américains liés par la loi Sherman leur ont laissé le champ libre.

Il est nécessaire qu'après la guerre, des ententes nationales, et ensuite des ententes plus grandes encore entre Alliés s'organisent pour lutter contre la formidable machine étatiste germanique.

Il faudra rejeter cette vieille hérésie du Libre-Echange, le « laisser faire, laisser passer » de Richard Cobden. Il faut faire du « laisser faire, laisser passer » entre soi seulement comme le font les 49 Etats de l'Amérique du Nord.

Il ne faut pas laisser passer les marchandises primées à la sortie de leur pays. Il ne faut pas laisser passer les marchandises fabriquées par des pays à la main-d'œuvre avilie. Il ne faut pas laisser passer les marchandises des nations qui ne laissent pas passer les nôtres.

Pendant cinquante ans les Allemands ont exploité le marché britannique, sans laisser les industriels britanniques vendre librement leurs marchandises sur le territoire allemand. C'est là une erreur dont les Anglais sont certainement revenus.

Les Allemands ont construit une industrie remarquable, ils ont su tirer un parti admirable de tout ce que leur sol produisait. Heureusement leur sol ne produit pas de tout ; il ne produit ni coton, ni laine, ni cuivre, ni caoutchouc, ni bien d'autres choses encore.

Les Alliés sauront tirer de la houille tout ce

que les Allemands en ont su tirer, mais quand il s'agira de se vêtir, il faudra que ceux-ci obtiennent le concours des Alliés et il est loisible aux Alliés, s'ils font bloc, de vendre ce concours le prix qu'ils voudront. Si l'Allemagne fait la mauvaise tête, l'Australie peut lui refuser la laine, et l'Amérique le coton.

La soie vient de la Chine, du Japon et de l'Italie. Si l'industrie allemande de la soie, qui est très importante, veut se maintenir, il lui faudra aussi le consentement des Alliés.

Les Allemands pourront se procurer du lait chez eux, ils pourront en obtenir de la Hollande et de la Suisse, mais s'ils veulent le mélanger avec du café, il faudra la permission du Brésil et de l'Arabie qui sont aussi des Alliés.

Le tabac vient de Cuba, de l'Amérique du Nord et de l'Egypte ; si les Allemands veulent bourrer leur pipe avec autre chose que du tabac turc, il faudra également qu'ils obtiennent notre permission.

La position des Alliés est donc bonne. S'ils *savent s'entendre*, il leur sera facile de triompher des plans des industriels allemands, aidés par leur Gouvernement.

On parle toujours de ce que les Allemands peuvent vendre, on ne parle jamais de ce qu'ils ont besoin d'acheter. On parle toujours de boycotter les marchandises allemandes, mais si on voulait leur acheter tout ce qu'ils produisent et ne rien leur vendre, on les aurait beaucoup plus tôt à merci.

Il faut appliquer non pas le libre-échange, mais le « facile échange » entre Alliés, et le « difficile échange » entre les Alliés et les puissances centrales. Il est inutile de faire un tarif intermédiaire au profit des neutres ; il faut simplement offrir aux neutres le choix entre l'alliance économique des Alliés et celle des Allemands ruinés.

Il faut avoir le courage de leur dire après la guerre : « Tous ceux qui ne sont pas avec nous sont contre nous. »

Quant à la loi de l'Offre et de la Demande dont les libre-échangistes de cabinet avaient fait un dogme, il faut la rejeter de la pratique et la conserver dans les Musées parmi les instruments de torture des siècles passés. Appliquée à la main-d'œuvre humaine, cette loi barbare est responsable du supplice de la faim appliquée tant de fois par des tortionnaires inconscients, à des milliers d'ouvriers innocents, alors que des Ententes bien comprises auraient pu éviter ces horreurs accompagnées trop souvent de la ruine du patron.

LETTRE XXV

« Le dollar vaut un franc ! » — Erreur stupide et décourageante pour les Français. — En Amérique, on a en moyenne pour un dollar plus de marchandises qu'en France pour cinq francs.

Le dollar vaut un franc. Combien de fois n'avons nous pas entendu raconter cette sottise !

Quand un ouvrier français quitte son patron pour aller travailler en Amérique, son patron lui répète la même vieille blague, et lui dit :

« Mon ami, au lieu de gagner 4 francs par jour, vous allez gagner 20 francs, mais vous ne serez pas plus riche pour cela, parce que le dollar n'est pas plus qu'un franc. »

Si en France vous voulez embaucher un homme pour l'envoyer aux Etats-Unis, il vous dit : « Monsieur, je gagnais 3.000 francs, chez vous, je veux gagner au moins 5.000 dollars, parce que je ne me déplacerai pas pour ne pas gagner davantage, et comme le dollar vaut un franc, il me faut 5.000 dollars, 3.000 pour vivre et 2.000 à mettre de côté pour revenir en France ».

Il est nécessaire d'établir une fois pour toutes l'ineptie de ce racontar, passé en France à l'état d'article de foi. Cela ne se discute même plus. Le dollar vaut un franc et pas davantage.

Eh bien en 1913, le beurre, le pain, le riz, le charbon coûtaient moins cher en Amérique qu'en France. En comptant le dollar à 5 fr. 20, qui était le change avant la guerre ; on avait pour un dollar 6 fois plus de beurre, 10 fois plus de pain, 7 fois plus de riz, 15 fois plus de charbon que pour un franc en France.

Quels sont les voyageurs étranges, les touristes singuliers qui ont répandu cette légende que le dollar vaut un franc ? Il vaut actuellement 5 fr. 70, et pour chaque dollar vous obtiendrez autant et plus de marchandise aux Etats-Unis que pour 5 fr. 70 en France. Vous ferez dans les tramways de New-York plus de distance pour cinq sous que vous n'en ferez à Paris pour dix ; vous achèterez pour un sou un journal qui aura 25 pages, et pour 20 francs une paire de chaussures que vous n'aurez pas à Paris pour 30 francs.

Personne en Amérique ne passe la nuit dans un chemin de fer assis sur une banquette. On peut avoir un lit pour 5 francs, en France pour 30 ou 35 francs.

Ce qui coûte plus cher en Amérique qu'en France, ce sont les produits d'Europe qui sont grevés de transports, de bénéfices multiples et des droits de douane. Mais essayez d'acheter à Paris un produit américain qui aura passé par les mêmes aventures !

« Outre-Mer » de Paul Bourget et la « légende américaine ».

En ouvrant le livre fameux de Paul Bourget « Outre-Mer », dans lequel les Français ont appris depuis vingt ans à connaître l'Amérique, je relève à la page 3 la phrase suivante :

« J'ai déjà dû changer ma monnaie française et apprendre tout de suite que l'unité de dépense a sauté du franc au dollar, c'est-à-dire qu'elle a quintuplé ».

J'ai souvent pensé que ceux qui savaient écrire ne savaient pas voir, et que ceux qui savaient voir ne savaient pas écrire. Voici donc une preuve frappante à l'appui de ma thèse :

à savoir que ce sont des mandarins, des gens à bouton de cristal, particulièrement choisis et estampillés, qui ont répandu en France ces erreurs et ont ainsi créé *la légende américaine.*

Bourget dans « Outre-Mer » a écrit avant même de voir. Il aurait dû, avant de partir de Paris, demander à sa cuisinière combien elle payait le pain, le lait, le beurre, les pommes de terre, l'huile et la moutarde et après cela aller en Amérique, dans un ménage d'académicien ou de professeur, et faire la même question à la cuisinière ou à la maîtresse de maison. Il aurait été obligé de convenir que l'huile, le beurre, les œufs, la viande, la moutarde et l'électricité ne coûtent pas plus cher en Amérique qu'en France, qu'on ne paie pas toutes ces choses un nombre de « cents » supérieur au nombre de sous. Il aurait vu même que le charbon, l'essence, le gaz, le téléphone, coûtent moins cher qu'en France.

Loin de se livrer à cette enquête, il a écrit avant d'arriver. Aussitôt qu'il a mis le pied sur un bateau, il a affirmé le préjugé et l'a pour ainsi dire authentiqué. C'est en vue de

Liverpool qu'il a écrit cette énormité que le dollar vaut un franc.

Pour nous autres Américains qui venons en France et fréquentons les grands restaurants et les grands hôtels, nous trouvons que la bouteille de champagne coûte aussi cher à Paris qu'à New-York, et que pour le même prix en or, on n'a pas à Paris une chambre aussi confortable qu'en Amérique.

Quoi de surprenant que les Français ne soient pas allés aux Etats-Unis quand une autorité comme Monsieur Paul Bourget leur écrit dès la page 3 de son fameux livre, qui a fait le tour du monde, que le dollar ne vaut pas plus qu'un franc.

Quand Bourget décrit les Américains, il les qualifie tous de « gens d'affaires » ; il n'a donc jamais vu de professeurs en Amérique, de prêtres, de littérateurs, d'artistes ? Non, il a simplement vu quelques millionnaires, et il a généralisé sur ces phénomènes pour qualifier tout un peuple, et son livre, comme celui du vicomte de Vogüé et des autres, a tellement découragé les Français qu'ils se sont détournés de l'Amérique du Nord où ils ont laissé le champ libre aux Suisses, aux Allemands, aux Monégasques, aux Luxembourgeois, etc., et ils ont été porter leur activité vers des pays sans sève, où la vie était probablement plus chère qu'aux Ftats-Unis.

Ce qui a fait dire à quelques voyageurs Français que la vie en Amérique est plus chère qu'en France, ce qui pour certaines choses peut être vrai, c'est qu'ils fréquentent en Amérique des hôtels ou des restaurants d'une classe dans laquelle ils n'auraient garde en France de mettre les pieds, — d'une classe beaucoup plus élevée que celle fréquentée en France par le Français moyen. Alors ils disent des bêtises. Ils disent qu'une chambre qui coûte 3 francs en France coûte 3 dollars en Amérique, mais ils omettent de dire qu'en Amérique, on ne vous facture jamais le service ni la lumière, que dans la chambre à 3 dollars, il y a généralement 4 ou 5 lumières admirablement disposées, qu'il y a aussi une salle de bains privée avec un savon neuf sur la toilette et un autre pour le bain. Dans beaucoup d'hôtels on vous donnera sans excédent une chemise de nuit et une paire de pantoufles, les deux immaculées. La chambre à trois dollars a des meubles propres, confortables, n'a pas de rideaux en velours à poussière, ni de tapis miteux. On change les draps et les taies d'oreiller tous les jours.

***

Une délégation ouvrière française aux États-Unis en 1904.

J'ai sous les yeux le rapport officiel de la « Délégation Ouvrière Française aux Etats-Unis à l'occasion de l'Exposition Internationale de Saint-Louis en 1904 ». Un certain Claude Gignoux, directeur de l'Imprimerie coopérative « La Laborieuse » à Nîmes, ouvrier lui-même, va à Canton, à une quarantaine de kilomètres de Boston, voir un de ses compatriotes fixé et marié aux Etats-Unis depuis vingt-cinq ans environ. Il raconte :

« Je le trouvai dans une maison à lui, teinturier, père de six enfants élevés comme des enfants de bourgeois, avec un intérieur très confortable, piano, billard, etc. »

Le lendemain il va visiter un autre compatriote, dessinateur pour tapis, établi depuis vingt ans aux Etats-Unis, qui possède à Yonkers près de New-York un cottage magnifique, un intérieur plaisant, et qui ne demande qu'à y finir ses jours.

Et Claude Gignoux déclare :

« C'est d'ailleurs toujours ainsi. Il n'est pas de Français établis aux Etats-Unis qui ne nous aient répondu, lorsque nous leur avons demandé s'ils ne désiraient pas retourner en France, qu'aux Etats-Unis en travaillant ils vivent mieux que des bourgeois en France, et que, quel que soit le plaisir qu'ils auraient à y retourner et le charme de la vie française, c'est encore là où on gagne le mieux sa vie et le plus largement, qu'il est préférable de rester ».

Nous sommes loin de la légende répandue en France. On lit malheureusement beaucoup plus les ouvrages de Paul Bourget que les rapports des « Délégations Ouvrières » ou autres. Claude Gignoux poursuit :

« Nous avons indiqué que la moyenne des salaires aux Etats-Unis est de 15 francs par jour environ. Certains métiers atteignent même 25 francs. Nous parlons des salaires d'ouvriers proprement dits. Dès qu'un ouvrier a des responsabilités, qu'il obtient un poste de confiance, il atteint des appointements très élevés. Or, sauf le logement, les objets nécessaires à l'entretien sont souvent *meilleur marché aux Etats-Unis qu'en France.*

« J'ai pu le vérifier moi-même très souvent.

« On compte qu'en moyenne une famille de sept personnes occupe un logement de sept pièces, dont le loyer est de 8 à 12 dollars par mois, c'est à dire de 40 à 60 francs.

Voici les prix des objets les plus indispensables à la vie (1904) :

Beefsteak......	Frs	1.10 à 1.50	le	kilo
Roastbeef	»	0.80 à 0.90	»	»
Pain	»	0.30 à 0.50	»	»
Pommes de terre	»	0.15 à 0.20	»	»
Choux.........	»	0.40 à 0.50	»	»
Haricots.......	»	0.40	le litre	
Oeufs..........	»	1.50	la douzaine.	

« Un complet d'homme, très convenable, 40 à 60 francs, façon confection, des souliers de 7 fr. 50 à 15 francs, à ce prix-là bien meilleurs qu'on ne les aurait en France. Un chapeau, 10 francs en moyenne, des chemises, à partir de 2 fr. 50 ; le charbon 35 francs la tonne *au détail*.

« Un ouvrier peut acquérir une petite maison en bois, comme il en existe aux Etats-Unis, de six pièces avec un peu de terrain pour jardin, très confortable, chaude l'hiver, fraîche l'été, pour 6.000 â 7,000 francs ».

Rapprochez cela de l'affirmation de Paul Bourget que le dollar ne vaut qu'un franc.

Evidemment les prix de 1904 aux Etats-Unis ne sont pas ceux d'aujourd'hui. Le prix de la vie y a considérablement augmenté, mais en France aussi.

La légende reste : « que le dollar ne vautqu'un franc », que « les ouvriers sont très malheureux» que « le travail américain est abrutissant ».

Un compagnon de Gignoux, M. E. Hyolet, secrétaire du Syndicat des Chapeliers en soie, écrit :

« La simplification de jour en jour croissante du rôle de l'ouvrier qui, avec des machines peut faire aujourd'hui tous les métiers sans avoir jamais fait aucun apprentissage sans l'un ni dans l'autre, amène un fait certain, c'est que jamais l'instruction technique des ouvriers supérieurs n'a été aussi parfaite que de nos jours, mais aussi jamais l'instruction professionnelle des masses ouvrières n'a été aussi rudimentaire et aussi négligée ».

Alors, ce Monsieur Hyolet qui sait voir, constate que quoi qu'on dise, la machine ne détruit pas la main-d'œuvre, au contraire, que jamais on n'a vu autant d'appels *à la main-d'œuvre* dans le pays des machines.

Ces rapports ouvriers sont très intéressants. Ils n'ont pas toujours tiré des conclusions très justes de ce qu'ils ont vu, mais ils ont vu beaucoup, et leurs rapports sont des monuments sur lesquels nous pouvons nous appuyer, puisqu'ils ont vu ce que nous voulons faire connaître.

Mais à côté de ces deux hommes consciencieux il y a un farouche syndicataire qui écrit pour la galerie et qui réédite toutes les sottises dont on lui a bourré la tête. Toute machine est pour lui un instrument destiné à avilir la main-d'œuvre. S'il voit des jardins fleuris, des restaurants gais et propres... autant de pièges destinés à endormir les revendications ouvrières... Ce malheureux débine tout ce qu'on lui fait voir. Il dépeint les Etats-Unis comme le pays le plus dangereux pour l'avenir du prolétariat... Et puis après avoir consigné soigneusement ses observations dans un rapport venimeux, il succombe devant l'offre d'un salaire inespéré, trahit à la fois la France et son syndicat.

Il ne revient pas, se fixe en Pensylvanie où il est encore.

QUELQUES PRIX ACTUELS (SEPTEMBRE 1917) :

Pour permettre des comparaisons, voici quelques prix des restaurants Childs. Ces restaurants correspondent jusqu'à un certain point aux Duval de Paris. Il y en a une quarantaine dans New-York, et autant dans d'autres villes, ce sont souvent d'immenses établissements. La propreté y est scrupuleuse, et la nourriture très saine.

3 crêpes avec sirop	10 sous
Thé, Café, Cacao, chaud ou glacé, et lait	5 »
Pâtisseries, compotes	5 »
Soupes	10 » et 15

Ragoût d'agneau, légumes.......	20 »		
2 œufs brouillés au hachis	25 »		
Beefsteak......................	35 »	et	40
Légumes, pâtes	5 »	et	10
Pudding tapioca, riz............	5 »		
Melon d'eau glacé	5 »	et	10

MORALITÉ

Ce n'est qu'en visitant les Etats-Unis, en y résidant, en y travaillant, que l'on pourra connaître notre République. Ce n'est ni le flâneur parisien, ni le touriste pressé qui se rend en Amérique et prétend la juger après un voyage de quelques semaines, qui feront connaître aux Français ce que l'Amérique a de bon. C'est en y logeant, en se mêlant aux populations laborieuses que vous pourrez, Français, nous apprécier.

LETTRE XXVI

« Cela n'est pas français » ! — Inventions françaises arrêtées par ce cri. — Les premières autos. — Les pantalons rouges ! — Pas de romantisme ni de panache. — Le bâton blanc de vos agents.

« Cela n'est pas français ».

Avec ce mot-là on a condamné en France, dès leur naissance, une multitude d'inventions qui depuis ont fait leur chemin et qu'on a été obligé d'adopter ensuite mais très en retard sur les autres nations.

J'ai connu des gens qui déclaraient ne pouvoir lire ou écrire qu'avec une lampe à l'huile. On a même conservé dans les Ministères français des lampistes jusqu'à ces derniers jours, parce que certains chefs de bureau déclaraient que l'électricité leur abîmait les yeux ! Pendant ce temps-là d'autres fonctionnaires logés aux frais de la princesse réclamaient l'électricité dans leur logement !

On a dit cela des automobiles, aussitôt qu'abandonnant la forme des vieux carrosses, elles prirent la forme allongée. « C'est bon, disait-on, pour les gens qui marchent comme des fous ! »

Les bicycles avaient une grande roue devant et une petite roue derrière ; c'était le contraire des premières automobiles qui avaient une grande roue derrière et une petite devant. Le jour où apparurent les premières bicyclettes, ce fut un tolle général : « Dieu que c'est laid, ce n'est pas français ! » C'est miracle que l'industrie des bicyclettes ne soit pas tout entière passée à l'étranger, comme celle des machines à coudre qui ont été inventées par un Français, mais que l'on fabrique presque exclusivement aux Etats-Unis.

Que n'a -t-on pas dit des chaussures américaines : laides, hideuses, pas françaises. Elles avaient pourtant un grand mérite, celui d'être faites pour les pieds, tandis qu'en France, il y a 20 ans, on vous imposait des bottines pointues qui exigeaient des pieds faits pour les bottines, et qui ont fait la fortune des pédicures.

Naturellement rien de ce qui est nouveau n'est français, par le fait même que cela est nouveau ; mais si on le condamne d'avance en disant : « Cela n'est pas français », on ne ne fera jamais rien de neuf et on sera toujours en retard sur les autres pays. C'est pour cette raison qu'on n'a jamais pu se décider chez vous à changer la couleur des pantalons des soldats.

Personne n'ignorait que cette couleur rouge était fâcheuse et faisait des cibles de vos troupiers. Presque toutes les armées du monde étaient habillées avec des draps de couleurs neutres, se confondant avec les terrains. Chez vous, il a été impossible de se mettre d'accord sur la couleur à adopter. Mieux que cela : pour dessiner un uniforme, vous vous êtes adressés aux moins qualifiés pour créer cet article, à des peintres, dont la réputation s'était faite à peindre les gloires du passé.

Votre goût artistique et votre amour de la tradition dans cette circonstance vous ont mal inspirés. Le peintre généralement aime à faire ressortir les objets. Son talent consiste à faire le contraire de ce que vous cherchiez. Sur un fond neutre il a dessiné un guerrier éclatant. Il a fait une jolie aquarelle qui a coûté la vie à peut-être 100.000 de vos soldats.

Il eût été préférable de s'adresser à un braconnier ou à un contrebandier. Ils vous auraient désigné mieux qu'un académicien la couleur du drap nécessaire pour passer inaperçu. Mais les badauds auraient déclaré : « Cela n'est pas français », parce qu'ils n'ont jamais vu que des pantalons rouges. Il fallait laisser dire les badauds et faire régler par quelqu'un de compétent et de responsable une question qui ne regardait ni le public ni les artistes.

Le « Tirez les premiers, Messieurs les Anglais » fait bien dans un roman ou dans un drame, mais c'est détestable à la guerre.

En Amérique, nous sommes moins chevaleresques et plus pratiques. Dans notre Ouest encore incivilisé l'homme intelligent, tire toujours le premier sur un adversaire qui fait mine de sortir son revolver ; on s'explique ensuite.

Nous ne comprenons pas le geste de ces jeunes sous-lieutenants qui se sont avancés vers les mitrailleuses allemandes coiffés de plumets tricolores et gantés de blanc. Nous plaignons sincèrement ces jeunes gens courageux. Une mauvaise méthode de guerre a coûté des existences utiles au pays.

Les troupes américaines débarquent en France. J'ose espérer que dans nos camps d'instruction on aura appris à nos jeunes officiers à ne jamais exposer inutilement leur vie ni celle de leurs hommes pour un beau geste ou un mot historique.

Lorsque vous avez donné à vos agents de police un bâton, vous avez eu la singulière idée de faire savoir que ce bâton était en bois tendre et ne pouvait faire de mal à personne.

On avait proposé de leur donner un bâton comme aux policemen de Londres ou de New-York, et d'en faire un moyen de défense. Vous avez répondu : « Cela n'est pas français », et vous avez continué à armer vos agents avec un sabre en leur recommandant de ne pas s'en servir. Ces malheureux n'osent sortir cette arme, et sont parfois roués de coups par des malfaiteurs armés de vrais gourdins qui ne s'inquiètent pas de savoir si leur bâton est français ou non.

Nos policemen en Amérique tiennent en respect des centaines de voyous avec leur trique, parce qu'ils s'en servent. Cette trique tombe sur les épaules, les avant-bras, et au besoin sur les crânes des manifestants qui reculent, parce qu'ils savent que le bâton est en bois dur, tandis que chez vous ils ne reculent pas parce qu'ils savent que le bâton est en bois blanc et que le sabre ne sortira pas du fourreau.

LETTRE XXVII

« Cela ne sera jamais populaire ! » — Le Métro centripète et les environs de Paris inutilisés. — La vie moins chère par le terrain bon marché.

Lorsqu'on propose une réforme dans votre pays, et que l'on n'a pas la ressource de dire : « Cela n'est pas Français », on dit volontiers : « Cela ne sera jamais populaire ! ». Parbleu, lorsqu'on apporte quelque nouveauté, ou que l'on modifie, même pour le mieux de tous, certaines institutions, on dérange toujours des intérêts privés : il s'agit de savoir s'ils sont plus respectables que l'intérêt public.

Si l'on avait écouté les Maîtres de postes, on n'aurait jamais fait les chemins de fer — mais depuis qu'on les a faits on n'a guère amélioré les transports chez vous. Louis XIV ne mettait guère plus de temps pour venir de Versailles à Paris que vous n'en mettez vous-mêmes pour aller du Louvre à Versailles par les transports publics.

Votre chemin de fer métropolitain a été fait sciemment trop exigu. Au lieu de le raccorder avec les grands systèmes, le Conseil Municipal de Paris a exigé des dimensions qui rendaient ce raccord impossible. De plus on a dessiné son parcours de manière qu'il ne puisse servir à sortir de la ville. Si on avait toujours raisonné de la sorte, les portes de Paris seraient encore dans l'Ile Saint-Louis.

Vous possédez une ville magnifique et des environs charmants, vers lesquels on ne peut malheureusement pas se rendre. Ce sont les « mastroquets » de Paris qui ont imposé un chemin de fer centripète qui ramène toujours les gens vers le centre, pour qu'ils ne puissent pas être tentés d'aller boire à la campagne.

Pendant ce temps-là, les amateurs du Vieux-Paris déplorent qu'on démolisse les vieilles maisons, et qu'on change l'aspect de la ville. Il le faut bien puisque vous empêchez les gens d'en sortir. La population augmente, il faut la loger quelque part ; alors on détruit des vieilles maisons qui ont du caractère, au centre de la ville, pour construire des maisons à cinq étages. Si l'on pouvait sortir des murailles et aller habiter à Clamart ou à Saint-Germain, on ne serait pas obligé de détruire la partie la plus pittoresque de votre capitale.

C'est pendant les périodes troublées, comme celle que vous traversez, qu'on peut obtenir que les gens consentent à changer un peu leurs habitudes et qu'on peut juguler les intérêts privés. Vos gouvernants avaient réservé aux seuls propriétaires d'automobiles la possibilité d'aller respirer dans les bois. Les autres peuvent faire des lieues dans le métro, ils se retrouveront toujours à la Bastille ou à l'Etoile.

Ceux qui détiennent l'avenir de vos grandes villes feraient avec profit un voyage à Chicago, Saint-Louis, Boston, Cleveland, Los Angeles. Vous verriez que la préoccupation des édiles américains a été de faciliter l'accès de la périphérie à toutes les classes. Ils ont résolu la question des logements à bon marché en rendant facile l'accès des terrains disponibles.

Rendre la vie facile et pas chère, cela vaut autant et peut-être mieux qu'augmenter indéfiniment les salaires. Chez vous on a si peu fait dans cet ordre d'idées qu'on peut faire des progrès dans les deux sens.

LETTRE XXVIII

« Pas d'étrangers ! » — Attirez davantage des immigrants pour les grosses besognes. Ils se plient à la production moderne. Le Français sera leur chef et leur contremaître. — L'état des logements ouvriers est un obstacle à la repopulation.

En France on dit : « Pas d'étrangers ! nous voulons des hôtels avec un personnel français, des chemins de fer avec un personnel français, etc... Partout des Français, rien que des Français en France ».

En Amérique, heureusement pour nous, nous ouvrons largement nos portes aux étrangers, au moins à ceux qui peuvent s'amalgamer avec notre race. Si nous ne voulons pas de Jaunes chez nous, ce n'est pas parce que nous n'en avons pas besoin, mais parce que nous ne voulons pas introduire dans notre pays des gens d'une race si différente, que nous ne désirons pas mélanger avec la nôtre.

Nous avons déjà la question nègre qui nous donne des soucis, nous n'avons pas besoin de la compliquer avec la question jaune.

Par contre nous recevons volontiers tous les hommes de race caucasique quels qu'ils soient, et nous faisons de notre mieux pour en faire des Américains.

Au début, ces immigrés acceptent des besognes inférieures dont nous sommes heureux de nous débarrasser. Nous ne voyons pas la nécessité qu'un Américain balaye les rues, creuse des fossés, abatte du charbon dans les mines, quand des Polonais et des Hongrois sont contents de faire ces travaux en échange de salaires bien plus élevés que ceux de leur ancien pays.

L'ouvrier américain ou en voie d'américanisation, ne se rebelle pas contre la manière de travailler avec la machinerie moderne, tandis que l'ouvrier français se cabre lorsqu'on lui propose de ne faire qu'une partie d'un travail qu'il s'est donné la peine d'apprendre tout entier. Il lui semble, non sans raison, qu'il perd le bénéfice de son apprentissage, si au lieu de faire un fauteuil, par exemple, il doit contempler une machine qui fera le même pied de fauteuil, et toujours le même pied, pendant des jours, des semaines et des années.

Il y a là un malentendu. Il faut que l'ouvrier d'art, l'artisan digne de ce nom, soit maintenu dans sa profession toutes les fois que cela est possible. Ce n'est pas un ébéniste qu'il faut pour surveiller la machine à pieds de fauteuil, c'est un manœuvre. Peut-être un manchot fera-t-il très bien l'affaire. Quant à celui qui sait travailler le bois, on doit et on peut lui trouver autre chose à faire, mais cette autre chose doit être des fauteuils ou des objets que la machine ne peut pas faire. Un ébéniste habile pourra également être chargé de diriger 25 manœuvres et 25 machines qui fabriqueront des fauteuils Louis XV.

Le développement du machinisme qui a créé cette spécialisation à outrance, n'a pas supprimé le gagne-pain des artisans capables, mais leur a donné des travaux nouveaux.

Au temps de notre jeunesse il y avait des lampistes. Cette profession a disparu avec les lampes, mais personne n'oserait prétendre qu'il y a moins d'hommes occupés par l'industrie de l'éclairage qu'autrefois, car chaque lampiste a été remplacé par dix électriciens : en perfectionnant les machines à éclairer on en a multiplié le nombre à l'infini, et dans une maison où il y avait autrefois dix lampes à l'huile, il y a aujourd'hui cent lampes électriques.

Les Français doivent accepter les machines et diriger ceux qui les surveillent.

Jamais dans le pays du machinisme par excellence, on n'a plus recherché et davantage payé, ce qu'on appelle le « skilled labor », l'ouvrier capable de faire autre chose que de regarder la machine travailler. Mais il est nécessaire qu'un certain nombre d'hommes acceptent les faciles fonctions, et si les Français ne veulent pas les prendre, il faut que des étrangers en soient chargés.

Déjà avant la guerre, des Belges venaient arracher les betteraves dans le nord de la France, des Espagnols cultiver la vigne dans le midi, et des Italiens travailler un peu partout.

Après la guerre, il faudra faire venir d'où on voudra des gens pour faire les besognes que les Français refuseront.

Il ne faut pas dire : « Pas d'étrangers en France ! » parce qu'avec ou sans machines, la France n'a pas assez de bras, pour cultiver son sol et en mettre ses produits en valeur.

Cet antagonisme vis-à-vis de l'étranger provient surtout de la répugnance des individus et des syndicats à voir s'augmenter une main-d'œuvre qu'ils préfèreraient raréfiée pour être payée plus cher.

Nous avons ce sentiment-là aussi en Amérique, mais jusqu'à présent les hommes à la tête de la politique et des affaires ont su encourager l'immigration indispensable.

Lorsque les Français seront tous employés du Gouvernement, des chemins de fer, etc... il faudra bien faire venir des ouvriers pour extraire du charbon, abattre du bois et garder les moutons.

Il faudra faire venir des Balkaniques, des Syriens ou des Russes, et ce sont ces hommes-là qui seront le moins rebelles au travail à l'américaine.

Les Français ne doivent pas protester contre ces méthodes, mais les appliquer, occuper les meilleures places, du droit du plus habile, comme cela se passe aux Etats-Unis.

Ce sont les incapables, les ignorants et les paresseux qui s'opposent à l'arrivée de la main-d'œuvre étrangère. Les autres, les travailleurs et les intelligents, appellent au contraire de toutes leurs forces ces émigrants qui les débarrasseront des basses besognes et leur permettront de s'élever dans l'échelle industrielle.

Les Français débrouillards, doués de personnalité, seront les chefs, les ingénieurs, les contremaîtres de ces envahisseurs.

Ceux qui se font de la popularité en défendant le vieux thème : « La France aux Français » devraient d'abord établir qu'ils ont au moins six enfants. Si on leur impose cette condition le nombre des orateurs sera extrêmement réduit.

Inutile d'aborder la question de la natalité, que tout le monde connaît, dont on parle beaucoup,et qu'on ne peut résoudre qu'en prêchant d'exemple.

Je trouve que l'ouvrier français est parfaitement excusable s'il réduit volontairement le nombre de ses enfants.

Il est presque partout logé d'une manière immonde. Les Français qui viendront aux Etats-Unis pourront se convaincre que la France a tout à faire pour donner à ses ouvriers un logement sain, vaste et convenable.

La Municipalité de Paris en acceptant cet extraordinaire Métropolitain qui tourne en rond au lieu de projeter des rayons à travers les environs de la ville, où se trouvent à vingt minutes du centre des centaines d'hectares de terrains inoccupés, a toute la responsabilité des logements insalubres dans lesquels grouille la population ouvrière.

Le problème des logements à bon marché est un problème de *transports*. Partout où l'ouvrier a trouvé des transports rapides et à bon marché, il a été installer sa demeure et sa famille au grand air.

Tant qu'on maintiendra volontairement l'ouvrier dans le centre de la ville, à proximité des cabarets, ce malheureux serait coupable de créer une nombreuse famille, s'il n'a pour l'abriter qu'une seule chambre mal pourvue d'air, de lumière et d'eau.

LETTRE XXIX

Ce que les Américains apprendront des Français : économie des déchets, système métrique. L'heure du travail à la main reviendra un jour pour vous. — Quel est l'homme parfait ? — La cuisine française.

Si les Français ont beaucoup à apprendre des Américains au point de vue de l'installation et de l'exploitation modernes des industries, du développement du machinisme, les Américains de leur côté pourront recevoir des Français quelques leçons salutaires. Un exemple : si le Français gâche le temps, il ne gâche pas la marchandise, et le pourcentage des déchets dans les industries françaises est généralement inférieur à celui des usines américaines.

Vous nous enseignerez votre Système Métrique, si supérieur à notre système archaïque de poids et mesures. Il n'y a pas un Anglo-Saxon qui ne soit persuadé de la supériorité du Système Métrique. Malheureusement il faut un effort de volonté considérable pour qu'un peuple accepte la confusion qu'apportera dans ses habitudes un changement complet de son système de poids et de mesures. C'est dans des moments de perturbation générale que de pareilles réformes sont possibles. La présence des soldats anglais et américains en France décidera l'Angleterre et l'Amérique, espérons-le, à adopter cette réforme. L'Amérique a sur l'Angleterre l'avantage d'avoir sa monnaie basée sur le système décimal. Nous n'avons qu'à nous incorporer une des plus admirables choses que le génie français ait inventées : le « Système Métrique ».

Nous reconnaissons volontiers que l'attachement que vous avez montré, dans vos industries, au vieux système familial a développé chez vous beaucoup plus d'invention, de personnalité et de charme qu'on n'en trouve dans l'industrie ultra-moderne, où la spécialisation et la série tendent à créer l'uniformité. Et nous croyons qu'un jour, lorsque le travail en grandes séries aura envahi le monde entier — mais pas avant — une réaction se produira en faveur des ouvrages originaux, faits à la main ou faits en petites séries, et que tout votre goût trouvera alors son emploi.

En attendant il importe à votre force et à votre salut que vous passiez par la production en série pour la plupart des articles que vous consommez.

Vous nous apprendrez à manger, chose que nous ignorons ou plutôt à laquelle nous n'attachons, bien à tort, que trop peu d'importance. Nous prenons de l'extérieur de notre corps un soin méticuleux et nous soucions assez peu de ce que nous introduisons à l'intérieur. Chez vous nous remarquons des préoccupations inverses. Espérons que nos gars apprendront aux vôtres les jouissances trop ignorées chez vous de la douche quotidienne, mais en revanche qu'aucun d'eux ne nous reviendra sans rapporter à la maison quelques recettes culinaires. Dites-leur, entre autres choses, que la place de l'eau est dans le tub et non pas dans le saladier. Apprenez-leur à faire la salade. Dans le royaume du « bien manger » Français ! vous régnez sans conteste.

***

Le Français n'est pas assez pratique. L'Américain est pratique, et il vit moins dans le domaine des idées. Les études classiques, la vie avec les Anciens ont produit en France des esprits cultivés, mais un peu abstraits. Quel est donc l'homme parfait ?

C'est celui, à mon avis, qui est à la fois pratique, c'est-à-dire de son temps, connaît bien le Passé, qui l'aide à entrevoir et à préparer l'Avenir.

Pour l'homme vraiment distingué, l'argent est un moyen et non un but. Je crois que l'Américain finit souvent par confondre le moyen avec le but. Il court après l'argent et quelquefois, lorsqu'il l'a, il ne sait qu'en faire. Dans son ignorance, il en fait cependant souvent meilleur usage que le bourgeois français cultivé mais rapace et timoré. Le Français sort l'argent de son industrie pour acheter des valeurs à lots et des maisons de rapport, mais il ne sait pas le sortir de sa poche. Naturellement, ceci souffre beaucoup d'exceptions.

Pour moi je trouve qu'un Français moderne, riche, est souvent un gentleman plus complet qu'un Américain. C'est pourquoi je crois que si les Français ont avantage à se mélanger à nous pour moderniser leurs industries, nous avons avantage à nous mêler à eux pour apprendre ce qu'on peut appeler : *la vie en beauté.*

Nous pouvons vous apprendre à économiser le temps, vous pouvez nous enseigner à l'utiliser avec intelligence.

La plupart des Américains, même ceux qui ont des galeries, ignorent ce que c'est que l'art. Bien conseillés, avec beaucoup d'argent, ils peuvent acheter des tableaux magnifiques, mais souvent ils ne comprennent pas la « vie » que ce tableau exprime, ni l' « époque » qu'il ressuscite. Ils n'ont généralement pas le sens de l'harmonie. Cela fait sortir un Français de ses gonds de voir au ciné sa Majesté le roi Charles VII entrer dans la Cathédrale de Reims aux sons de la Marseillaise. L'Américain ne bronche pas.

Nous vous aimons, même pour vos défauts, qui, soit dit en passant, sont un peu les nôtres

Votre amour de la tradition qui rend votre pays si intéressant, et que vous devez conserver dans tout ce qui n'est pas affaires ou progrès, vous devez le rejeter lorsque la science est en jeu.

Dans l'art de la cuisine, vous êtes incontestablement les maîtres, et nous avons tout à apprendre de vous. Ici, conservez bien entendu la tradition ; vous ne devez pas seulement la conserver, vous devez l'honorer.

Dernièrement à New-York, dans un de nos cercles, un Français qui nous recevait à déjeuner, fit mander à la fin du repas le Chef, pour le féliciter au sujet d'un plat qu'il avait particulièrement bien réussi.

Cette idée ne serait jamais venue à un Américain. Il aurait pensé qu'en payant la note et en laissant un fort pourboire qu'aurait empoché le seul maître d'hôtel, il aurait rempli tout son devoir.

Votre compatriote nous expliqua que son geste n'était autre chose que la vieille tradition française, et que les plus grands seigneurs et le Roi lui-même, n'hésitaient pas autrefois, à faire comme il l'avait fait, c'est-à-dire, féliciter l'auteur responsable d'un bon plat ou d'un repas bien ordonné.

Nous sûmes, de lui, qu'il s'était préoccupé du bonheur de ses convives plusieurs jours à l'avance, qu'il avait eu une entrevue particulière avec le cuisinier pour préparer le repas exquis qu'il nous avait offert.

Il nous apprit également l'importance de la ponctualité dans les repas, sans laquelle il n'y a pas de bonne cuisine possible. La plupart d'entre nous ne savaient pas ces choses, et n'auraient pas compris l'importance de ce détail ; alors notre ami Français nous fit une petite conférence, et nous fûmes surpris autant que charmés de l'entendre.

Nous fûmes stupéfaits d'apprendre qu'il y avait toute une littérature française spécialement consacrée à la cuisine. Ceux d'entre nous qui n'avaient jamais visité la France, furent surpris de l'érudition de ce bon Français qui avait recherché avec soin les vins qu'il convenait de boire avec chaque plat, qui avait surveillé lui-même la température des bordeaux, des bourgognes et du champagne. Nous comprîmes la raison du refus autocratique qu'il avait opposé à l'ingurgitation d'un cocktail, pratique néfaste, nous expliqua-t-il, dont le résultat était de détruire et de faire sortir de l'estomac les sucs digestifs, qui donnent la sensation de l'appétit, et qui en même temps se préparent et se concentrent pour digérer les mets. Cette conférence nous fit paraître la France plus belle et plus grande.

Nous comprîmes que si de telles notions sont répandues dans votre pays, et il paraît qu'elles le sont, vous êtes supérieurs à nous, qui d'ordinaire ne mangeons que pour nous nourrir, et nous observâmes nous-mêmes combien ce repas délicieux fut facile à digérer, et combien la conversation fut brillante à cause de la gradation savante des vins qui apparurent à leur tour et à l'heure voulue.

Nous sûmes aussi que notre amphitryon était membre d'une Académie célèbre qu'on appelle le « Club des Cent », et dans laquelle on ne peut entrer que si l'on a fait ses preuves comme connaisseur de bonne cuisine, comme appréciateur des plats bien faits, et dans laquelle on ne peut se maintenir que si l'on procure aux autres académiciens les joies de la bouche, non pas en leur payant des festins coûteux et pantagruéliques, mais en leur indiquant les bons endroits où on trouve les bonnes choses et les bons cuisiniers qui font les bons plats. Ceux-ci se trouvent encouragés dans leur art par la clientèle de ces gourmets et de leurs amis.

Ce sont là des choses qui paraissent incroyables à des Américains surtout. Nous sûmes que ce groupement n'était *pas* composé de snobs, de viveurs ou d'oisifs, mais uniquement d'hommes ayant fait leurs preuves dans toutes les branches de l'activité. Nous apprîmes qu'il y avait parmi les Cents, des Journalistes, des Conseillers d'Etat, des Sénateurs, des Fabricants d'Automobiles, des Epiciers, des Hommes de loi, un Restaurateur, et même un Fabricant de Soieries.

Pareille institution ne pourrait pas exister dans notre pays. Avec notre tournure d'esprit, elle serait envahie par l'*argent*, et du reste on ne trouverait pas en Amérique, cent Américains sachant manger, et se préoccupant à l'avance de ce qu'ils mangeront le mois suivant.

On confond trop souvent en Amérique ce qui est cher avec ce qui est bon, et si l'on fait parfois de la bonne cuisine, cela arrive, il est bien rare que ceux pour qui elle est faite, soient capables de l'apprécier.

La bonne cuisine ne se fait pas « en grande série ».

LETTRE XXX

Les vieux systèmes sont les plus pittoresques, ils n'en sont pas moins condamnés.

Il ne faudrait pas que les Français comprennent mal les raisons qui attirent les Américains chez eux. On aime parfois les gens pour leurs vices et les nations pour leurs défauts. Lorsque les Parisiens s'en vont en Bretagne et qu'ils sont charmés par les vieux costumes, les vieilles traditions et les vieux usages des populations bretonnes, ils n'emportent pas pour cela en rentrant chez eux une très haute idée de la civilisation bretonne...

Souvent votre attraction consiste dans votre faiblesse, dans votre inaptitude à la grande industrie.

La petite industrie manuelle des bazars arabes est beaucoup plus amusante pour le touriste que le Creusot ou les usines Krupp. Il est plus intéressant de regarder un gnaf qui ressemèle une paire de bottes que de voir marcher des machines automatiques, dans lesquelles le travail même de la machine échappe aux yeux du visiteur.

Le travail qui se produit à l'intérieur d'une locomotive ou d'un moteur est beaucoup moins joli que l'effort d'un attelage qui démarre sur une côte un peu raide.

Si des Américains viennent visiter la France et y vivre, c'est souvent parce que c'est plus drôle chez vous, ce n'est pas parce que c'est mieux.

Ce sont nos succès industriels qui nous permettent un pareil luxe. Notre présence chez vous loin d'infirmer la puissance du machinisme, en est la preuve. Si Vanderbilt ou Gould n'avaient pas construit nos chemins de fer avec l'ardeur que l'on sait, leurs descendants n'auraient pas de châteaux en France.

Mme Gould a fait construire une reproduction de Trianon dans les Champs-Elysées, c'est un hommage que le machinisme rend à la tradition.

A force d'être traditionnels, vous vous trouverez dans l'obligation de vendre tout ce qui est transportable des monuments du passé aux gens qui n'ont pas de tradition.

LETTRE XXXI

Origines des Américains nés en Europe. — Alliés et Centraux.

Si ce sont des étrangers qui ont organisé une grande partie des industries américaines, il ne faudrait pas s'imaginer que la majorité des étrangers aux Etats-Unis sont des Allemands.

Le tableau suivant montre que s'il y a aux Etats-Unis 4.320.000 individus nés en Allemagne ou en Autriche-Hongrie, il y en a 6.643.000 nés dans les pays de l'Entente. Et parmi les Austro-Hongrois, il y en a plus de la moitié qui sont des Polonais ou des Slaves, parfaitement hostiles à l'Allemagne. Parmi les Allemands, un certain nombre ont quitté l'Allemagne pour éviter le service militaire.

POPULATION DES ÉTATS-UNIS NÉE A L'ÉTRANGER :

ALLIÉS

Canadiens	1.164.000
Italiens	1.335.000
Anglais, Ecossais, Gallois.....	1.145.000
Russes	1.669.000
Irlandais	1.330.000
	6.643.000

CENTRAUX

Allemands	2.640.000
Austro-Hongrois	1.680.000
	4.320.000

LETTRE XXXII

Les Américains sont un peuple d'idéal. — La Fayette et la guerre actuelle. — Sentimentalité américaine.

On a dépeint les Américains comme des gens ayant un coffre-fort à la place du cœur. On devrait au moins honnêtement remarquer avec quelle facilité ce coffre-fort s'ouvre lorsqu'il s'agit d'une cause intéressante et juste.

L'Américain est sentimental et l'Américain est un « peuple d'idéal ».

Ceux qui ont tracé ses règles politiques, avant même de débarquer du « Mayflower », étaient épris d'un triple idéal de religion, de justice, de liberté.

L'Américain digne de ce nom est un homme qui entend s'imposer certaines règles politiques parce qu'elles sont nécessaires au gouvernement qu'il a créé. En revanche, il se réserve le droit de faire tout ce qui n'est pas contraire à la règle acceptée librement.

En ce moment le peuple américain tout-entier consent à des sacrifices en hommes et en argent pour défendre une cause qui est celle de son Idéal.

Au sujet de l'entrée dans la guerre des Américains on a dit bien des sottises. Quelques-unes sont si venimeuses qu'on reconnaît le cachet germanique, ainsi : « les Américains n'aident la France que pour la dominer, ou par peur pour eux-mêmes ». L'Atlantique n'est il pas une barrière suffisante pour permettre au moins d'attendre ?

Un des principaux mobiles qui décident les jeunes Américains à s'engager, c'est la dette contractée en 1778 envers La Fayette et ses compagnons.

L'esprit chevaleresque des Français et leur désintéressement ont laissé dans ce pays des traces assez profondes pour qu'après un siècle et demi des hommes, dont la plupart ne sont pas les descendants des Américains qui vivaient alors aux Etats-Unis, abandonnent sans hésiter leurs travaux prospères et jettent leurs vies dans la balance.

Il y a peu de pays au monde où un grand mouvement national puisse être ainsi créé pour une idée. C'est le même souffle qui animait les volontaires Français et Anglais lorsqu'ils combattirent pour l'indépendance de la Grèce.

Les Américains ne sont pas exempts des défauts humains mais lorsque les événements qui secouent l'univers entreront dans la période des règlements, je crois que dans la bataille des revendications qui suivra celle des armées, les Américains seront les moins avides.

Après l'expédition contre les Boxers, alors que toutes les nations européennes exigeaient de la Chine une indemnité souvent excessive le gouvernement Américain refusa de se faire payer son concours.

Après la guerre d'Espagne les Etats-Unis s'inspirèrent des mêmes principes. L'Amérique avait combattu pour affranchir Cuba du joug espagnol. Elle retira de l'île ses soldats et ses fonctionnaires aussitôt que sa tâche fut accomplie.

J'ai plaisir à vous citer quelques lignes d'un article du « Temps » :

...« L'autre jour, le colonel américain Stanton, devant la tombe du général La Fayette, au cimetière de Picpus, a dit simplement : « La Fayette, nous voilà ! » Et ce mot résume, en sa brièveté saisissante, tout ce qu'il y a de noble et de généreux dans le geste héroïque de vos alliés d'outre-mer. L'acte des Etats-Unis, c'est un « acte d'amour ».

« L'erreur allemande consiste à croire que le culte du souvenir, le respect des droits acquis, la reconnaissance due aux bienfaits reçus ne comptent pas, dès que la considération des intérêts matériels, le souci du gain, la recherche du succès immédiat peuvent entrer en ligne de compte. Et voici que cet arrivisme grossier reçoit un éclatant démenti de la part d'un grand peuple qui semblait voué, par sa situation géographique autant que par l'immensité des territoires dont il dispose et des ressources qu'il possède, à des occupations exclusivement commerciales et industrielles... C'est un mouvement d'idéalisme qui a poussé au travers des houles de l'océan Atlantique, vers les rives du Nouveau-Monde, les pèlerins de la May-Flower. Et c'est au même instinct de libération nationale, qu'ont obéi les *insurgents* en accueillant avec un enthousiasme fraternel notre La Fayette et ses vaillants compagnons d'armes ».

Sentimentalité américaine.

On représente toujours chez vous l'Américain moderne comme un homme sans cœur, sans pitié, et parfois même sans conscience.

Voyez nos magazines, nos chansons populaires, notre théâtre. Voyez la place que la femme tient dans notre société : tout cela c'est du sentiment, et ce n'est pas du business.

Cet hiver, sur le toit d'un de nos théâtres, dans un cabaret de nuit qui était un peu le comble de la noce New-Yorkaise, on chantait des chansons d'autrefois. Le texte était projeté sur un écran et toute la salle les reprenait, la plupart des spectateurs les ayant entendu chanter dans leur enfance par leurs grand' mères.

Elles étaient vraiment rafraîchissantes. Il n'y était pas question de dollars mais plutôt d'une vieille tante qui raccommodait les bas, d'une cuisinière nègre qui savait très bien faire les crêpes, d'un baiser pudiquement donné sous le vieux pommier en fleurs.

Parbleu, quand les Américains font des affaires ils s'y donnent entiers, ils ne pensent qu'à cela et ils essayent de les faire bonnes. Comme dit leur proverbe : *I am not in business for my health,* (je ne suis pas dans les affaires pour ma santé), mais une fois hors des affaires ils sont pleins de bonhomie et de sentimentalité.

LETTRE XXXIII

La femme américaine. — L'Américaine légère et le Français léger sont les seuls types connus à l'étranger. — Rareté des domestiques, tâche difficile de la maîtresse de maison. — La vraie femme américaine.

Dans les grandes villes, à New-York surtout, quantité de gens vivent à l'hôtel, ou au boarding house. Parmi les femmes exemptes du souci de tenir un ménage, celles qui n'exercent pas de métier sont désœuvrées tout le jour.

Aussi les rencontre-t-on partout : dans les magasins où elles vont se distraire et où elles finissent par faire quelque emplette inutile, dans les restaurants, les hôtels désertés par les hommes aux heures d'affaires. Elles trompent leur ennui dans les « bridge parties », les « musical parties » et autres parties. Elles s'habillent et se parent, moins pour plaire au mari qui subvient à leurs fantaisies, que pour rendre jalouses leurs meilleures amies.

Bientôt l'Amérique ne les amuse plus. Elles

viennent en Europe, à Londres, à Rome, à Paris surtout.

Elles rencontrent là des désœuvrés des deux sexes, nés dans le loisir et pour le loisir, appropriés à leur fonction dès le plus jeune âge. Les hommes leur apparaissent plus séduisants que le solide et sûr époux dont le labeur entretient leur luxe. L'Anglais leur apparaît plus aristocratique. Habitué dès l'enfance à aimer les femmes plutôt qu'à les respecter, quelque peu lettré, d'un goût suffisamment éclairé grâce à l'atmosphère dans laquelle il vit, le Français oisif amuse souvent l'Américaine et finit parfois par la captiver. Elle trouve du charme dans la société d'un homme qui sait causer de tout, même de ce qu'il ne connaît pas, sans dire trop de sottises, et qui ne parle pas exclusivement sport comme l'Anglais, ou business comme l'Américain.

Ce sont ces hommes que le touriste rencontre tout d'abord lorsqu'il voyage. Ce sont eux que le dramaturge ou le romancier peignent le plus volontiers. Ils sont le type du Français le plus connu à l'étranger.

Et c'est cette Américaine-là qui a gagné en

France une réputation de femme légère, superficielle, sans foyer, incapable d'élever ses enfants et de tenir sa maison.

Quelque injustice qu'il y ait à juger toute une nation d'après quelques centaines d'individus, ces préjugés existent et on ne saurait assez les combattre.

Aux Etats-Unis, pays d'affaires et de réalités, on commence à se douter qu'un pays riche et économe comme la France ne peut être habité exclusivement par des buveurs d'absinthe ou des danseurs de tango.

L'erreur des Français sur les Américaines sera difficile à combattre, car ils n'ont pas l'occasion de pénétrer dans des intérieurs purement américains, et pendant longtemps encore ils jugeront d'après les globe-trotters et les femmes qu'ils ont rencontrées en Europe, où elles ont généralement emprunté à vos mœurs ce qu'elles ont de moins respectables.

Comme dans tous les pays neufs et prospères, la main-d'œuvre est rare aux Etats-Unis. Les serviteurs y sont presque introuvables, et ceux qui exercent cette humble et peu enviable profession en sortent dès qu'ils en trouvent l'occasion. Celle-ci se présente chaque jour, et les maîtresses de maison qui peuvent s'offrir le luxe d'un ou de plusieurs domestiques, doivent s'attendre à les voir partir avant d'avoir acquis une compétence même élémentaire. Aucun enfant élevé dans une école publique américaine n'envisage l'idée d'entrer au service d'autrui, c'est donc parmi les nègres ou les étrangers que se recrutent les domestiques.

Il n'y a pas de place pour la « résignation » dans notre pays.

Chacun y veut améliorer sa vie, et les exemples sont si nombreux d'hommes et de femmes qui se sont élevés au sommet de la fortune, qu'il n'est pas une « bonne à tout faire » qui ne rêve de trôner un jour dans une loge à l'Opéra avec châlet à Newport et hôtel sur la cinquième avenue.

Cette situation aggrave les charges qui pèsent sur la maîtresse de maison américaine. Quelques milliers d'entre elles désertent le combat, se réfugient à l'étranger ou dans les hôtels et boarding houses des grandes villes, et constituent le type absurde de l'Américaine paresseuse et légère.

Mais la vérité est que les Etats-Unis sont un pays de « homes » et que les femmes qui règnent dans ces « homes » et savent les rendre confortables et attrayants à leurs maris et à leurs enfants, doivent faire preuve de plus de courage moral et d'activité matérielle que n'importe quelle Européenne à égalité d'éducation et de condition sociale.

La jeune fille du monde élevée dans le luxe, qui accepte les devoirs d'épouse et de mère avec la certitude d'avoir parfois à préparer les repas, laver les plats, rincer les verres, tout en s'occupant de ses mioches, accepte de gaieté de cœur une situation qui ferait peut-être reculer nombre de jeunes filles françaises de la bourgeoisie. Et ce n'est pas l'exception, c'est la règle.

Les stores de maint joli cottage américain abritent une femme active et affairée, d'excellente famille, qui a étudié au collège les arts d'agrément, les lettres, et qui parle plusieurs langues.

Le matin, elle partage avec son mari et ses enfants un déjeuner qu'elle a préparé elle-même. Elle balaie, aère les chambres. Elle fait le lunch et le dîner du soir, qu'elle préside, habillée d'une gaie robe blanche qu'elle a lavée et repassée elle-même, car elle veut continuer à plaire à l'homme qu'elle aime, et pour qui elle a sans hésiter abandonné le luxe dans lequel elle vivait. Elle ne sera jamais une entrave à la profession de son mari, elle l'accompagnera dans l'est ou dans l'ouest, dans une grande ville ou dans un hameau, dans un ranch ou à une mine, à la ferme ou à l'usine.

On sait que la ménagère française a fait la fortune de la nation par son esprit d'ordre et son économie, mais la femme américaine, elle aussi, a sa belle part dans la prospérité formidable qui est échue à son pays. Elle l'a méritée par son courage, son abnégation et son endurance. Elle est vraiment l'associée de ceux qui forment la partie saine de la nation, de ceux qui veulent s'élever toujours plus haut par le travail au service de l'audace.

Il existe aux Etats-Unis des jeunes filles riches qui épousent des hommes pauvres et qui entendent que leur mari travaille et fasse sa situation. Il y a des hommes riches qui épousent des filles sans fortune.

Toutes ces jeunes filles en allant au mariage, connaissent les devoirs que le mariage et la maternité leur imposeront, et les dures conditions dans lesquelles ces devoirs devront s'accomplir.

Elles les acceptent cependant et bien peu désertent leur poste, car même aux Etats-Unis, dans le pays des affaires, il existe une force plus grande que le dollar, c'est l'amour.

LETTRE XXXIV

Les mal-occupés : il faudra continuer à leur faire la chasse après la guerre. Il ne faut plus que des bien-occupés et des très-occupés dans la France, si elle veut se refaire. — Parole de Joffre. — Utilité d'envoyer des délégations françaises en Amérique.

Une circulaire du Gouvernement français a prescrit à tous les hommes de 18 à 60 ans qui ne sont pas à l'armée de se faire inscrire et de s'apprêter à faire un travail s'ils sont oisifs, ou à changer de travail s'ils sont *mal occupés*.

Ce mot de mal-occupés est une expression très heureuse ; elle devra subsister après la guerre quand on cherchera des travailleurs, non plus pour faire des munitions mais pour faire des charrues et des machines.

On devra « reconstruire ». — Il y a déjà discussion entre les partisans des villages modernisés, et ceux qui veulent refaire le pays « tel qu'il était » avant la dévastation. On reconnaît bien la préoccupation toute particulière des Français de maintenir leur pays dans son caractère.

Nous comprenons ce sentiment, c'est celui du poète et de l'artiste. Cependant sont-ce les poètes et les artistes qui vont restaurer une nation épuisée par des années de guerre ?

Va-t-on remettre dans les villages des Vosges des tas de fumier à côté de puits contaminés, afin de reconstituer l'aspect d'avant-guerre ?

Allez-vous reconstruire des usines mal commodes, des maisons insalubres, des ateliers dangereux, et tout cela, pour le pittoresque ?

Au risque d'être qualifié de vandale, je n'hésite pas à dire que rien ne doit être reconstitué comme avant la guerre, si l'on veut que la France se relève de ses ruines, et si l'on veut qu'elle garde rang parmi les grandes nations.

Le maréchal Jcffre à la veille de la bataïlle de la Marne, lança un ordre du jour dont le passage suivant s'applique aussi bien à la reprise du travail industriel qu'à la reprise de l'offensive militaire :

« Au moment où s'engage une bataille dont dépend le *salut du pays*, il importe de rappeler à tous que le moment n'est pas de *regarder en arrière*. »

Cette parole devrait être affichée en grosses

lettres dans tous les ateliers, dans toutes les usines de France. Les ouvriers et les patrons peuvent la méditer avec profit.

La tradition historique n'a rien à faire avec le progrès industriel, ce sont des forces qui s'opposent.

M. William Morriss Hughes, le premier ministre d'Australie, une des figures les plus expressives de notre époque, a dit à ses concitoyens : « *Reconstruct or decay* », « il faut reconstruire ou périr ».

La puissance nationale repose sur le nombre et le travail. Le nombre vous ne le possédez pas. La guerre vient d'aggraver une situation que votre faible natalité rendait dangereuse. De toutes les nations du monde, vous êtes celle qui peut le moins négliger le machinisme et la méthode.

La France est tellement en retard qu'elle offre un champ illimité au développement de ces deux facteurs.

Où apprendrez-vous à vous servir méthodiquement des machines, si ce n'est aux Etats-Unis ? Vous n'y trouverez qu'encouragement et bienveillance. Remplacez donc le service militaire par le *service à l'étranger* ; refusez les fonctions importantes à tout homme qui n'aura pas exercé sa profession pendant quelques années, au moins pendant quelques mois, dans un pays étranger.

Il est nécessaire qu'à tous les degrés de l'échelle industrielle et sociale vous visitiez l'Amérique du Nord ; il est nécessaire que les délégations d'ouvriers français s'y rendent pour se pénétrer de cette idée que la machine, la vitesse, le travail intensif sont compatibles et même sont seuls compatibles avec un haut salaire et une courte journée de travail.

Il est indispensable que les patrons ou les futurs patrons aillent en Amérique, qu'ils y fassent un stage industriel et se rendent compte que l'attachement au vieux matériel sera la ruine de leur maison et de leur pays. Il faut que les futurs fonctionnaires visitent l'Amérique et qu'ils sachent qu'un fonctionnaire soucieux de ses devoirs doit aider le commerce et l'industrie, c'est-à-dire la vie commune de tous les citoyens qui l'ont mis à la place qu'il occupe, pour aider à la prospérité du pays et non pour l'entraver.

8.

Ceux-là reviendront en France, et persuaderont leurs camarades, leurs confrères, leurs associés, qu'il est coupable d'employer 4 hommes à faire tourner une vieille machine, quand un seul homme suffit à regarder tourner une machine moderne dix fois plus puissante.

Il faut qu'après la guerre on continue sans trêve la chasse aux mal-occupés, parce qu'il n'y aura pas trop de monde pour assurer la reprise générale, non pas du travail à la papa des ancêtres, mais du travail actif, productif, intensif qui relèvera votre patrie.

Travailler moins longtemps ne signifie pas travailler moins. Un mécanicien qui dirige une locomotive marchant à 90 à l'heure est plus fatigué au bout de 6 heures qu'un mécanicien qui traîne derrière lui un train de marchandises à 20 à l'heure.

Il sera donc naturel que le premier travaille 6 heures et le second 10 heures. Le mécanicien du grand express doit être payé plus cher que le fonctionnaire qui fait des trous dans les billets. De même l'homme qui assume une lourde responsabilité, dont toute l'attention et tous les nerfs sont tendus jusqu'à la limite vers un but difficile, doit être payé plus cher et travailler moins longtemps que celui qui somnole sans responsabilité dans une tâche quelconque.

Un salaire unique pour le même nombre d'heures de travail est une sottise qu'il faudra rayer du cahier des revendications ouvrières

---

LETTRE XXXV

Le temps perdu en France. — L'octroi, l'allumette soufrée, les formules de politesse, la perforation des tickets du Métro. — Un Ministère du Temps Perdu, s. v. p. — Les monuments publics. — Les enterrements.

Ce qui se perd de temps en France est fantastique.

Les octrois des villes sont une des plus belles machines à perdre le temps qui existent.

Les voitures au lieu de pouvoir s'approcher des trains en sont tenues à bonne distance, parce que la gare est encerclée, pour ainsi dire assiégée par les agents de l'octroi. Ils sont là nuit et jour et ne font presque rien. Pourtant ils empêchent la circulation des choses et des hommes.

On fait queue dans les gares pour pouvoir sortir. En Amérique le billet est recueilli dans le train. Quand vous êtes arrivé à destination, vous n'avez plus qu'à aller chez vous, tandis qu'en France vous avez à subir deux compressions.

D'abord celle de la barrière où l'on prend les billets, ensuite celle de l'octroi, où l'on ouvre votre sac et où l'on tâte vos poches. Cela doit disparaître.

On devrait aussi pour gagner du temps adopter une seule formule de politesse, un simple signe, par exemple un petit rond qui voudrait dire aussi bien « je vous adore » que « recevez l'expression de mes hommages les plus respectueux ».

Un Français âgé a passé une partie de sa vie à déposer ses hommages aux pieds de gens pour lesquels il n'a aucun respect et à assurer « de sa considération la plus distinguée » des gens qu'il méprise ou qu'il ignore.

Mais une des plus belles machines à perdre le temps que les Français aient imaginée, c'est l'allumette chimique, dont ils ont confié la fabrication à leur gouvernement, pour que personne ne s'avise de fabriquer des allumettes-express.

L'allumette nationale que les Français emploient beaucoup, car ils sont grands fumeurs, est composée d'un peu de phosphore et de beaucoup de soufre. Si vous frottez, soit par manque de phosphore, soit par suite de la fragilité du bois, deux ou trois allumettes ratent ou se brisent. Quand une se décide à prendre, sa composition chimique exige que l'allumeur tienne sa main au-dessus de sa tête pour ne pas respirer les émanations du soufre qui piquent le nez et les yeux.

Toutes ces opérations prennent du temps. Mais supposons que la moitié des Français ne perdent qu'une minute par jour du fait de leurs allumettes, ce qui est une évaluation modérée ; savez-vous que cela fait vingt millions de minutes par jour, et que vingt millions de minutes par jour font 333.333 heures ce qui représente par jour 33.333 journées de dix heures de travail ?

Ainsi pour *tous les détails qui constituent votre vie.*

Quand on fera l'inventaire du temps perdu en France, on sera stupéfait. Cela vaudra la peine d'avoir un Ministère, ou au moins un sous-secrétaire d'Etat, spécialement chargé du temps perdu.

« Vous voulez, dira-t-on, appliquer le sys-

tème Taylor à la vie privée ? C'est là une nouvelle forme de l'esclavage ! »

Je ne vois pas en quoi on sera plus esclave parce qu'on aura une allumette chimique qui prendra vite, parce que l'on évitera chaque jour des pages de correspondance inutile, ou parce qu'en arrivant de voyage on pourra se rendre immédiatement chez soi, ou au bar, sans être arrêté par le contrôleur des billets et par l'employé de l'octroi.

Et il y a des réformes de ce genre à faire partout !

Pourquoi fait-on un trou dans les billets du Métro ?

Cette opération est une perte de temps ; elle retarde l'accès des voyageurs aux quais. On peut, comme à New-York, à Londres et ailleurs, jeter le billet dans un récipient en verre où il est happé mécaniquement par un seul fonctionnaire qui, fait sans retarder le flot du public, la besogne de six employés du Métro de Paris.

On objectera qu'il y a des premières et des secondes : il est simple d'exiger des personnes qui vont en première un supplément sous forme d'un billet qu'elles devront présenter à l'employé dans la voiture des premières. Mais pourquoi ennuyer tous les voyageurs, premières et secondes, et faire un trou dans le billet du voyageur de secondes qui une fois cette opération faite, n'a plus besoin de son billet ? C'est plus simple et plus vite de jeter un billet dans un entonnoir que de le présenter à une personne qui le prend, le regarde, le perfore et vous le rend.

Les monuments publics. — Les enterrements.

Vos administrations sont organisées de manière que les employés de l'Etat perdent le plus de temps possible, mais ce qui est plus grave, elles font perdre aussi le temps du public.

Les employés de l'Etat sont à leur bureau à des heures non uniformes. Si on savait à quelles heures leurs guichets sont fermés, il n'y aurait que demi mal, mais cela est parfois laissé à la volonté des individus ou à la nonchalance de leurs chefs.

Vos administrations sont logées dans des locaux construits pour un tout autre usage et dans un autre temps.

Il n'y a pas un ascenseur dans le Palais de Justice. C'est vieux jeu de faire grimper aux gens 3, 4 ou 5 étages, alors qu'on pourrait si facilement les monter. Ce n'est pas étonnant que la Justice soit lente.

En ne se servant pas des moyens modernes pour rendre vos administrations pratiques, vous croyez être dans la Tradition : vous n'y êtes même pas, car la vraie tradition, c'est de rendre la justice sous un chêne. Dès l'instant que vous la rendez dans un bâtiment, faites en sorte que ce bâtiment soit moderne.

Et vos admirables enterrements !

On invite les amis du défunt à assister au « convoi, service et enterrement ». Vous devez vous rendre à la maison mortuaire, présenter vos condoléances, aller en cortège à l'Eglise, puis encore en cortège au cimetière. Le malheur est que les cimetières se sont éloignés des habitations, ou les habitations des cimetières, et que la tradition est restée la même.

Si vous voulez vraiment honorer un homme

mort à Passy et enterré au Père-Lachaise, il vous faut perdre une journée.

Dans un village où le cimetière entoure l'Eglise ces habitudes sont parfaitement justifiées, parce que les conditions de la vie sont restées les mêmes, mais dans une grande ville cela est absurde.

Les enterrements continuent à sillonner Paris au pas, ils interrompent la circulation et durent 4 heures au lieu d'une, et même moins.

Les employés des pompes funèbres qui les accompagnent passent toute leur journée sans rien produire d'utile.

80 % de ce personnel pourrait être éliminé et restitué à l'agriculture.

Que la cérémonie soit terminée à la sortie de l'église et que le défunt soit mené à sa dernière demeure dans un auto-corbillard qui roulera à l'allure des autres véhicules ! Ce qui importe, c'est de vivre aussi longtemps que possible, ce n'est pas de gagner sa tombe, quand on est mort, en première ou en quatrième vitesse !

LETTRE XXXVI

Nécessité d'un mouvement national. — Si tout le monde ne s'y met pas, la réforme est impossible. — Il faut partout la spécialisalisation et l'activité. — Ce sont souvent des intellectuels très spécialisés qui font le plus obstacle à la spécialisation. — Demain.

On ne peut pas adopter, à soi tout seul, les méthodes américaines. Pour les mettre en œuvre, il est nécessaire que chacun y mette du sien, et joue le jeu de la même manière.

Aucun architecte même américain ne peut construire à Paris une maison à l'américaine, pour la simple raison qu'il n'existe pas en France des fers, des appareils de plomberie, d'électricité, de fermeture comme aux Etats-Unis ; qu'il est impossible d'obtenir des revêtements en ciment comme ceux de chez nous.

La méthode américaine exige la spécialisation, et la spécialisation comporte la nécessité pour chacun d'accepter une spécialisation de manière que toutes les places soient occupées selon cette forme nouvelle de l'activité moderne.

Pas plus qu'un médecin de village ne peut faire de la spécialisation et décréter qu'il ne soigne que les oreilles ou que les maladies d'estomac, pas plus un industriel français ne peut travailler à l'américaine, si ceux qui lui fournissent ses matières premières et ceux qui lui achètent ses produits spéciaux, ne sont pas eux-mêmes équipés pour travailler à la nouvelle mode.

Il est donc nécessaire qu'il se produise en France un mouvement national, par lequel le Gouvernement, les grandes Compagnies de transports, les Postes, Télégraphes, Téléphones les Ponts et Chaussées, enfin les particuliers, ne mettent plus de perpétuelles entraves à la renaissance de l'industrie.

C'est pour cela que nous demandons aux Français, et à beaucoup de Français, de venir visiter l'Amérique afin que des spécialistes de toutes les branches retournent dans leur pays, convaincus qu'on doit changer les méthodes de travail, ou périr.

Il est impossible à un exportateur français de travailler comme un Allemand, par exemple, alors qu'il n'a à sa disposition ni les tarifs réduits d'exportation sur les chemins de fer, ni les services des compagnies de bateaux allemands, ni l'aide de ses banques et de ses Consuls.

Nul doute que l'apathie et la mauvaise volonté ne se manifestent de tous côtés pour empêcher le succès d'une pareille campagne. Déjà on voit poindre dans la presse et dans le livre les résistances des intellectuels : « Nous ne voulons pas travailler comme des machines » dit l'un. « Nous voulons être modernes, mais rester nous-mêmes » dit un autre. Il y a parfois chez vous de braves gens spécialisés sans le savoir qui font obstacle à la spécialisation des autres.

Est-ce que tous les grands médecins ne sont pas des spécialistes ? Et les grands avocats ne sont-ils pas des spécialistes ? Cette dernière profession est singulièrement plus spécialisée en France qu'en Amérique où nos hommes de loi remplissent à la fois les fonctions d'avoué, d'avocat et de notaire.

Chez vous l'avocat est un monsieur qui doit plaider, rien que plaider, et dans une branche particulière : l'un les brevets, un autre les procès de lapins, un troisième les divorces.

Nous n'avons pas en Amérique poussé la spécialisation à ce point, et cependant c'est parmi les médecins, les avocats, les avoués français qu'on rencontre le plus de résistance à admettre que l'industrie et le commerce français doivent se spécialiser s'ils veulent vivre.

Il ne manque pas en France de gens avertis, sachant ce qui se passe en Allemagne, en Angleterre et en Amérique, disposés à adopter les formes nouvelles de travail ; ce ne sont pas les encouragements dont ils ont besoin pour mettre sur pied des établissements qui ne le cèderont en rien à ceux de l'étranger, ce qu'ils demandent seulement c'est : « point d'entraves ! »

On a vu ce qu'ont pu faire avec des moyens insuffisants les industriels français lorsqu'il a fallu faire du matériel de guerre, et la bureaucratie française a consenti parfois à s'assouplir. Il a suffi qu'elle « n'empêchât pas » pour qu'on construisît en France, un peu partout, des établissements qui sont des merveilles. Le génie français placé dans des conditions favorables saura faire, non pas aussi bien, mais mieux que tout autre.

Il serait désolant que la leçon de la guerre soit perdue pour toujours.

L'occasion du relèvement ne se reproduira pas. Après la guerre les empires centraux se remettront au travail avec plus de vigueur que jamais.

L'Angleterre, elle, a compris. La révolution du travail s'y développe et laissera derrière elle une nation régénérée.

Les Français comblés de tous les dons qui ont fait leur réputation : initiative, invention, goût délicat, amour du travail, ne doivent pas rester en arrière.

***

Les agglomérations humaines sont devenues colossales. Il est nécessaire que les hommes qui vivent en grandes masses et très près les uns des autres acceptent certaines règles. L'individualiste acharné doit aller vivre au milieu des bois.

Un fonctionnaire qui est individualiste, et qui manque d'esprit public, est un être inadmissible.

Si la France au lieu d'être une république était gouvernée par quelque Tzar, on ne pourrait que plaindre sa population d'être malmenée par des fonctionnaires indifférents, dissimulant sous leur arrogance la terreur de leur responsabilité.

On ne peut vraiment s'expliquer cette conception de la démocratie telle qu'elle est pratiquée en France : « La démocratie est le gouvernement du peuple contre le peuple »

Tout ne va pas comme sur des roulettes en Amérique, nous avons nos difficultés, nos faiblesses, et nos fautes, mais nous cherchons perpétuellement à les corriger. Nous n'avons pas cette résignation dont semble rempli le citoyen français.

LETTRE XXXVII

Pour payer ses dettes et ses importations, la France devra créer des excédents et les exporter. Qu'elle étudie la production américaine sur place, et qu'elle engendre chez elle un mouvement d'opinion irrésistible.

Après la guerre, la France se trouvera en face de formidables dettes extérieures ; il faudra pour les payer qu'elle exporte des marchandises.

Elle sera, comme auparavant, obligée d'acheter à l'extérieur ce qu'elle ne peut produire: le coton, la plus grande partie de la laine, le cuivre, le pétrole, etc.

Pour payer ces marchandises, la France devra exporter. Pour pouvoir exporter il faut qu'elle exploite son sol et son industrie, subvienne à sa consommation et crée des excédents.

Pour surproduire avec une main-d'œuvre très diminuée, il faut que la France organise une production intensive. Il ne suffit pas de la désirer, il faut la comprendre, la connaître et être *convaincu* qu'elle peut être réalisée. Pour cela il faut sortir de chez soi, aller dans les pays où la production existe sur cette base, apprendre à la faire fonctionner, voir sur place les nouveaux rendements. C'est en Amérique surtout que cette conviction pourra être acquise.

Il est donc nécessaire qu'un grand nombre de Français, de toutes les classes de la société, aillent en Amérique, par leurs propres moyens ou envoyés par leurs organisations ou par l'Etat, de manière à créer en France un courant d'opinion irrésistible qui permette dès maintenant d'orienter vers les industries de la paix ce qui a été créé pour les industries de la guerre, et de développer ces dispositions nouvelles dans toutes les branches de l'activité nationale : agriculture, industrie, commerce, transports.

Par exemple, évitez avec soin d'envoyer chez nous, pour nous mieux connaître, des ratés ou des mécontents, à plus forte raison, des malfaiteurs.

Songez bien que ces enquêteurs ne viendront pas uniquement pour étudier nos méthodes et nos procédés de travail. Ils seront investis également du rôle écrasant de représenter la France. C'est d'après eux, que ceux des nôtres qui ne voyagent pas, c'est-à-dire, l'immense majorité, jugeront les Français.

Evitez donc de nous expédier des politiciens gênants, des artistes méconnus, des cabotins usés et des conférenciers tarés. Il est arrivé aux Etats-Unis, depuis la guerre, une foule de Français pourvus de vagues missions, telles que *resserrer les liens qui unissent les deux républiques sœurs.*

Le but de beaucoup de ces étranges missionnaires, nous a paru avant tout, et surtout, de desserrer les liens qui les attachaient à l'Armée, trop près du Front...

De grâce, envoyez chez nous des hommes propres, connaissant à fond leur métier, capables de saisir tout ce qu'il y a d'avantageux à être pris chez nous. A ceux-là, nous ouvrirons toutes grandes les portes de nos usines, de nos cercles et de nos maisons.

Si l'on ne se décide pas à produire, la France tombera au niveau de l'Espagne. Les touristes continueront à y affluer, pour visiter Versailles, et le reste, mais ils quitteront votre pays stupéfaits du spectacle d'un peuple doté d'un sol et d'un sous-sol particulièrement riches, de côtes merveilleuses sur trois faces, d'une nation douée des plus merveilleuses qualités d'intelligence, d'ingéniosité, d'initiative, et incapable de tirer parti de tout cela.

Il ne manque pas de Français au courant des progrès de l'industrie américaine qui essayent ou qui ont essayé, d'introduire chez eux les nouvelles méthodes. Aucun de ces efforts ne sera vain, mais ce n'est que par un effort d'ensemble englobant patrons, ouvriers et administration, qu'on pourra réussir.

Il y a trop d'osbtacles aux efforts particuliers. Un homme isolé qui aura été voir ce qui se passe en Amérique devra à son retour convaincre l'un après l'autre ses associés, son bailleur de fonds, ses ouvriers, son beau-père et son concierge.

L'influence des femmes s'exerce en France d'une façon très vive, et il importe de les conquérir. Or, actuellement, la femme française, prudente, n'entend pas qu'on risque sa dot dans des « aventures », et tout le monde considère que c'est une aventure que d'acheter des machines nouvelles pour remplacer celles avec lesquelles le père a fait fortune.

Il faut en France une influence politique pour planter un poteau le long d'une route, ou faire passer un fil par-dessus un chemin communal. La plupart des gens se rendent compte qu'il y a quelque chose à faire, mais ce quelque chose ne peut être fait que si la nation en bloc cesse d'admirer les vieilles roues de bois et s'engoue pour l'acier, le machinisme, l'automatisme et le système Taylor.

Les Allemands sont certainement trop étatistes pour nos goûts, et par « nos goûts » j'entends les goûts américains et les goûts français. Il y a une multitude de cas où l'Etat rendra grand service à l'industrie française en ne s'y mêlant pas. Il y en a d'autres où il faudra qu'il apporte son concours.

Il serait difficile de remédier à la lenteur administrative. On pourrait décharger l'administration de tout ce qui ne la regarde pas, en laissant faire les autorités locales, sans mêler le pouvoir central à une multitude de questions qui peuvent être résolues sur place par les fonctionnaires locaux. Les quelques erreurs qui pourront se produire seront largement compensées par le temps gagné.

En Amérique nous avons plus de liberté que vous. Cette liberté a quelques inconvénients mais nous n'avons pas, par exemple, à écrire à Washington sur du papier ministre, en quatre exemplaires, pour obtenir de changer un tableau de place dans un musée. Il faut faire crédit aux gens, provoquer toutes les initiatives, et exercer les intelligences. Il y a tellement de génie comprimé chez vous que les bénéfices de la liberté dépasseront de beaucoup les inconvénients. Votre administration tracassière et compliquée n'agit plus que dans le sens de la neutralisation de tous les efforts.

L'activité des Français pourrait être comparée à un bon moteur capable d'entraîner une forte machine, dont tous les freins sont bloqués par un système néfaste de suradministration.

Votre législation sur les Sociétés par actions est trop compliquée. Destinée dans la pensée du législateur à protéger le public, elle n'atteint pas son but, parce qu'elle n'empêche pas l'éclosion de nombreuses filouteries. Et il est toujours loisible à vos nationaux de faire des sociétés belges ou anglaises pour échapper à la complication des sociétés françaises. Alors ces complications ne servent qu'à faire passer votre argent à l'étranger ou à faire administrer vos propres affaires par des étrangers sous des législations étrangères.

En un mot c'est dans la *simplification* que vous devez chercher tout d'abord le remède à votre développement retardé ; ensuite c'est dans l'application des méthodes que vous apprendrez chez nous.

Le jour où ce sera la mode en France de travailler à l'américaine, les Français seront imbattables.

LETTRE XXXVIII

Gens d'affaires. — Services publics.. — A la France.

On nous reproche d'être des *gens d'affaires*, des hommes d'argent, de considérer la politique au simple point de vue des intérêts.

En cela, nous répondrons qu'à l'occasion nous savons aussi considérer les événements au point de vue des idées, et sommes aussi parfaitement capables d'être sentimentaux ; mais ceci dit, qu'est-ce donc que la politique sinon la *gestion des affaires d'un pays* ?

Nous considérons que nous avons trouvé notre forme de gouvernement définitive; alors nous n'avons pas à sauver la Patrie tous les jours comme au temps de l'Indépendance ou de la Rébellion.

Alors de quoi donc notre Président, et notre Congrès ont-ils à s'occuper, si ce n'est des *affaires* de la République... *des affaires* de tous les Américains.

Nous attendons de notre Gouvernement qu'il nous assure l'ordre à l'intérieur et la paix à l'extérieur, sans lesquels il n'y a point de confiance, et sans confiance, point d'entreprises.

Que trouvez-vous d'extraordinaire à ce que notre principale préoccupation soit la mise en valeur des ressources de notre pays, pour le plus grand bien de notre peuple ?

Nous concevons le rôle du Gouvernement rempli quand il nous a procuré ces biens.

Nous différons sans doute sur la manière de remplir ces obligations. Vos politiciens semblent n'avoir d'autre préoccupation que de détruire ou de sauver la République.

En Amérique, la forme du Gouvernement n'est plus en cause ; nous différons parfois sur la manière dont il doit remplir ses obligations, mais pas sur le but.

Nous attendons de notre Gouvernement qu'il développe et non pas qu'il entrave les affaires, et par affaires, nous entendons le travail, l'exploitation du sol et du sous-sol, et la distribution la plus rapide et la plus économique des produits. Si tel n'est pas le rôle d'un Gouvernement démocratique, quel est-il ?

Vos administrations sont fermées. Le moindre de vos fonctionnaires est souvent un paresseux et parfois même un tyran. En entrant dans l'Administration, il a renoncé à l'avance à exercer toute initiative, cela est déjà fâcheux, mais ce qui est plus désastreux, c'est qu'il se croit le droit et le devoir de vous empêcher d'exercer la vôtre.

Nous avons encore heureusement en Amérique un grand nombre de fonctionnaires qui ont la conviction que leur devoir est de servir le public, qu'ils sont placés dans leur poste par le public lui-même, dont ils sont les serviteurs.

***

Vous êtes le peuple le plus contradictoire de la terre, vous êtes traditionnels, c'est-à-dire, vous avez l'horreur du changement ; cependant vous changez de Ministres tous les trois mois, et vous changez aussi la forme des chapeaux et la longueur des jupes, également quatre fois par an.

***

On dit aussi que vous ne pouvez pas vous entendre. Encore une légende, car vous venez de donner la preuve du contraire ; « Tous debout pour la défense du pays ». Allez-vous vous quereller après la Victoire ?

***

A l'avenir, les objets de consommation populaire, les articles courants, seront toujours faits par des machines. Il est donc inutile de faire des apprentis pour leur apprendre des métiers destinés à disparaître ; mais on doit faire des apprentis pour les industries de luxe et d'art, à la condition toutefois de ne pas poursuivre en même temps la destruction et l'anéantissement de la richesse ; il est sage si on veut maintenir et encourager l'ouvrier d'art, de ne pas tuer le client qui le fait vivre.

***

Nous autres Américains cherchons à nous enrichir en gagnant beaucoup ; vous Français, en dépensant moins.

***

Le développement de la richesse a été entravé consciemment, volontairement dans votre pays.

Richement doué sous tous les rapports, sol, sous-sol, race, géographie ; vous avez donné mission à vos gouvernants de retarder, d'interrompre, de gêner l'exploitation des éléments merveilleux, riches et rares dont votre pays a été comblé.

***

Vous avez une histoire, vous avez des traditions, vous possédez des monuments remarquables, des musées remplis de merveilles. Votre esprit, votre génie national en sont imprégnés.

L'ancienne Grèce, la Rome antique et votre sol donnent à votre littérature, à votre conversation, un vernis et un brio que nous ne pouvons songer à atteindre. Vous nous êtes supérieurs sans conteste dans le domaine de la Pensée.

Vos idées atteignent vite des sommets élevés. Elles se transmettent rapidement dans votre peuple épris d'idéal.

Nous envions votre goût sûr. Nous vous aimons pour votre élégance. Vous excellez dans tous les arts.

Vos savants, vos théoriciens sont les premiers du monde.

Nous nous sommes contentés souvent de mettre en pratique la plupart de leurs découvertes.

Utilisez donc nos perfectionnements. Servez-vous de nos machines. Assimilez-vous nos méthodes de travail. Alors, vous serez la première nation de l'Univers. Vous couvrirez la Terre de vos productions, et vous attirerez à vous, sur un sol riche entre tous, avec votre climat doux et tempéré, tous les enrichis du globe, car ils savent, nous savons tous, que l'argent n'est pas tout... qu'il n'est même rien si on ne peut en distribuer une grande part dans la France Immortelle, au pays des bonnes choses, des belles pensées et des braves gens.

FIN

TABLE DES MATIÈRES

Pages.

LETTRE V

LETTRE VI

LETTRE VII

LETTRE VIII

LETTRE IX

LETTRE X

Pages.

LETTRE XI

LETTRE XII

LETTRE XIII

LETTRE XIV

LETTRE XV

LETTRE XVI

Pages.

QUELQUES OPINIONS

sur les

LETTRES

d'un

VIEIL AMÉRICAIN

Le vieil Américain est vraiment notre ami. Son recueil de lettres puisse-t-il être lu, relu et médité, et contribuer au relèvement, à la renaissance économique de notre pays.

Conservons, ainsi qu'il nous y invite, nos traditions d'honnêteté, d'économie bien entendue, de famille, conservons nos arts, notre goût, mais abandonnons, abandonnons enfin la routine mortelle.

Le vrai patriotisme consiste à mettre un pays en valeur et tous ceux qui y travaillent doivent être les bienvenus.

L'Emancipation.

« Quel pays parfait serait le vôtre, dit-il souvent, si on y introduisait un peu d'américanisme. Nous autres, Américains, nous nous rendons compte à quel point nous avons besoin de votre culture, parce qu'on ne peut pas importer d'un seul coup ce que des siècles seuls peuvent créer, tandis qu'il n'est pas impossible que vous rattrapiez d'ici dix ans, si vous le voulez, l'avance de nos industries. »

Commerce et Industrie.

Ce livre contient sur la vie industrielle aux Etats-Unis des renseignements précieux ; il faudrait le répandre à profusion, s'inspirer de ses conseils, méditer la gravité de l'heure et peut-être reconnaîtra-t-on avec lui que le nouveau système qu'il préconise est devenu pour la France, comme pour tout autre pays, une question d'être ou de ne pas être.

La Tribune de Genève.

Les conseils du vieil Américain sont excellents et méritent d'être écoutés et mis à profit par tous et surtout par nos commerçants et nos industriels.

Le Petit Havre.

Ces lettres sont d'une franchise charmante. Elles seront fort utiles si on les lit dans un bon esprit.

Daily Mail.

Cette lecture sera utile aux Français et elle les aidera à connaître la mentalité des hommes qui ont commencé à débarquer sur nos côtes pour combattre à côté de nos enfants.

Revue Hebdomadaire.

On doit souhaiter que ce livre soit beaucoup lu en France, car il peut être très utile pour l'instruction du public français en lui faisant connaître les immenses possibilités dont il dispose et les moyens de les mettre en œuvre.

Expansion Economique.

Ce petit livre, si direct qu'on a l'impression de le recevoir en pleine figure, si substantiel et si alerte qu'il donne envie, à chaque instant, de s'arrêter et de continuer tout à la fois, est écrit par un homme d'affaires qui pense.

L'Œuvre.

Cet Américain nous connaît mieux peut-être que nous ne nous connaissons nous-mêmes.

La Lecture.

L'auteur de ces lettres est un vieil Américain qui partage sa vie, depuis 25 ans, à peu près également entre la France et les Etats-Unis.

Le Petit Troyen.

Que de remarques justes, de connaissances, d'expérience d'esprit pratique dans ces pages !

Le Témoignage.

Ces *Lettres d'un vieil Américain* me font penser aux classiques *Lettres persanes.* La comparaison n'aurait rien pour déplaire à l'auteur anonyme. Il se trouverait en compagnie d'un écrivain dont il a la sagacité et l'élévation d'esprit.

Le Sémaphore de Marseille.

Le vieil Américain redresse quelques erreurs de l'opinion française sur son pays. Il les redresse d'une poigne vigoureuse.

L'Intransigeant.

Toutes ces idées peuvent être d'une très grande utilité dans la formation, ou plutôt dans la réforme de notre mentalité.

L'Union Economique de l'Est.

Tout au long de ses lettres, le vieil Américain multiplie les préceptes à la façon d'un sage de la Grèce, sorte de Pythagore ou de Socrate économiste.

Les Intérêts Economistes.

Ce vieil Américain connaît bien la France. Admirateur sincère de notre pays, il voudrait une collaboration de plus en plus étroite entre l'Amérique et nous. Il s'en explique loyalement avec un Français de ses amis, et les questions qu'il traite, comme les conseils qu'il donne, ne seront pas, espérons-le, sans intérêt ni sans profit.

Paris-Midi.

Ces lettres contiennent tout un enseignement éducatif et social.

La Vie Féminine.

Ces lettres préparent le lecteur français aux travaux d'après-guerre et rapprocheront de la France l'Amérique du Nord.

La Dépêche de Lyon.

Quand on a lu ce que le vieil Américain pense de la France, dont il connaît fort bien les mœurs et les idées, il est intéressant de voir comment il juge son propre pays : l'Amérique. Il le fait avec une parfaite loyauté et une impartialité complète.

Tribune de Lausanne.

Il faut souhaiter que les jeunes gens qui s'engagent dans les carrières productives lisent ces lettres, les méditent et en fassent une prompte application.

Bulletin Protestant Français.

Pour bien juger les mœurs et les habitudes, les qualités et les défauts d'un peuple, il est bon d'en connaître plusieurs. La comparaison éclaire singulièrement l'esprit. Le vieil Américain a vécu longtemps de la vie française. Il est bien placé pour nous dire de bonnes vérités. D'ailleurs il les exprime avec une évidente sympathie et une indéniable originalité.

Express de l'Ouest.

Ami sincère de notre pays, il est un de ceux qui, dès le début de la grande guerre, ont fait là-bas une propagande vigoureuse en faveur de la nation qui défend sur son sol la cause de la Démocratie et de la Liberté.

Courrier des Etats-Unis.

Livre de sincérité affectueuse et clairvoyante, de lumineux bon sens aux pages duquel nous avons beaucoup à réfléchir et à apprendre.

L'Information.

Ces aperçus suffisent à montrer l'intérêt très pratique de ce livre sans prétention, mais plein de faits qui tombent d'aplomb, comme des coups de massue, sur nos vieux préjugés et les mettent en miettes. Il n'est pas un Français qui puisse lire les lettres du vieil Américain sans profit.

L'Avenir de la Loire.

Pour faire voir aux Français qu'ils se sont laissés distancer sur le terrain de la production, il importe moins de dérouler devant eux des raisonnements abstraits et des statistiques, que de placer sous leurs yeux des réalités de tous les jours. C'est la méthode de ce livre qu'on lit avec autant de plaisir que de profit.

L'Action Nord-Africaine.

Ce vieil Américain témoigne à la France un enthousiasme sans borne et conclut en disant : « Le jour où ce sera la mode en France de travailler à l'américaine, les Français seront imbattables ».

L'Opinion.

Cet ouvrage me paraît extrêmement utile à propager dans les écoles françaises. Les idées qui y sont développées sont saines, justes et bonnes à répandre. C'est l'ensemble des réflexions d'un homme d'expérience comme je voudrais en voir beaucoup parmi nos compatriotes installés à l'étranger.

André TARDIEU,
Commissaire général
aux Affaires de guerre Franco-Américaines.

Notre Comité exécutif, estimant que répandre les idées émises dans le livre *Lettres d'un vieil Américain à un Français* est faire œuvre de patriotisme américain et français et que cela contribuera au rapprochement intellectuel et économique des deux pays, voudrait voir ce livre dans chaque bibliothèque publique de la France continentale et coloniale.

Institut français aux Etats-Unis et French-American Chamber of Commerce, de New-York.

J'ai lu le très beau livre de M. L. Duplan avec l'intérêt le plus vif et j'ai constaté personnellement que nos jeunes gens tireraient grand profit d'une lecture aussi attachante que pleine d'utiles enseignements.

Lucien POINCARÉ,
Vice-Recteur de l'Académie de Paris.

J'ai lu avec un très grand intérêt les *Lettres d'un vieil Américain.*

Paul DUPUY,
Directeur du *Petit Parisien.*

Ecoutons les bons conseils du Vieil Américain.

Henry JOLY, *de l'Institut.*

Elles sont très savoureuses ces *Lettres d'un vieil Américain*... mais retenons, entre toutes les leçons qu'il nous donne, cette sentence grosse d'un verdict de vie ou de mort : L'industrie française devra *produire ou disparaître.*

Victor MARGUERITTE.

C'est un livre que tout le monde en France pourra lire avec fruit et que feront bien de méditer, non seulement les chefs d'industrie, commerçants et ouvriers, mais aussi, entre autres, les fonctionnaires et les professeurs, tous ceux que préoccupe, à quelque titre, économiquement et socialement, l'avenir de notre pays.

Bulletin des Usines de Guerre.

Le vieil Américain n'est pas un flatteur. Tels il nous voit, tels il nous juge, sans parti pris, mais aussi sans complaisance. Il nous aime assez pour dire franchement ce qu'il pense de nous. Nos qualités ne lui font pas oublier nos défauts. Nous excitons le progrès : mais nous avons le mot plus que nous n'avons la chose. Nous ne sommes pas des réalistes au même degré que les Américains.

« Nous cherchons à nous enrichir en gagnant beaucoup ; vous, Français, en dépensant moins.

Le jour où ce sera la mode en France de travailler à l'américaine, les Français seront imbattables »...

Ce livre, substantiel et instructif comme pas un, est à lire d'un bout à l'autre. Il faudrait en citer des pages entières. Je préfère vous y envoyer.

Lucien DESCAVES.

Imprimerie Centrale (C. Brélaz), 20 rue Cadet, Paris.

www.ingramcontent.com/pod-product-compliance
Ingram Content Group UK Ltd.
Pitfield, Milton Keynes, MK11 3LW, UK
UKHW020312230726
13925UKWH00002B/363

9 782013 436038